面向语言信息处理与第二语言教学的现代汉语疑问词研究

牛长伟　著

Language Information Processing
and Second Language Teaching:
A Study on *WH*-phrases in Mandarin Chinese

WUHAN UNIVERSITY PRESS
武汉大学出版社

图书在版编目(CIP)数据

面向语言信息处理与第二语言教学的现代汉语疑问词研究/牛长伟著.—武汉：武汉大学出版社,2023.9
ISBN 978-7-307-23804-6

Ⅰ.面…　Ⅱ.牛…　Ⅲ.现代汉语—语义—研究　Ⅳ.H136

中国国家版本馆 CIP 数据核字(2023)第 096711 号

责任编辑:罗晓华　　责任校对:汪欣怡　　版式设计:马　佳

出版发行：**武汉大学出版社**　(430072　武昌　珞珈山)
(电子邮箱：cbs22@ whu.edu.cn　网址：www.wdp. com.cn)
印刷:武汉邮科印务有限公司
开本:720×1000　1/16　印张:9.25　字数:133 千字　插页:1
版次:2023 年 9 月第 1 版　2023 年 9 月第 1 次印刷
ISBN 978-7-307-23804-6　定价:45.00 元

前　言

笔者对现代汉语疑问词的相关研究起始于攻读博士学位的阶段，以2015年博士学位论文《汉语疑问词的语义解读及其应用》为阶段性总结。论文从优选论的视角对现代汉语疑问词的语义解读进行较为全面的分析，提出了影响疑问词语义解读的四个制约条件，并对其进行了等级排列，即“标记性算子制约条件≫非断言环境制约条件/否定性环境制约条件≫必然疑问制约条件”。最后寄希望将其应用于实践，以期解决与疑问词有关的实际问题。无奈受限于博士阶段的学制时间和知识积累，博士学位论文并未对疑问词研究的相关结论进行实际应用，仅提出了模型框架，指出了进一步的研究计划。

转眼博士毕业参加工作已七载有余，在此期间，笔者始终没有忘记博士学位论文中留下的这个小尾巴，也一直在沿着这个方向进行一些尝试。所作的尝试主要集中在现代汉语疑问词及其相关算子的研究、面向语言信息处理的现代汉语疑问词应用研究以及面向第二语言教学的现代汉语疑问词应用研究。本书算是笔者博士毕业以来在现代汉语疑问词及相关研究方面作的一个阶段性梳理和总结。各章内容如下：

第一章聚焦于现代汉语疑问词及其相关受约算子的本体研究，分别分析了多项疑问句中疑问词的语义解读以及“都”的关联制约、任指句中疑问词的语义解读以及“都”的关联对象、汉藏语总括副词与类同副词的语义关联及其对任指句中疑问词全称解读的允准考察，得出了多项疑问句中疑问词的语义解读受制于“都”的阻隔制约条件，任指句中的疑问词属于“都”的句式型关联对象，汉藏语总括副词与类同副词在允准疑问词全称解读方面表现不一。

第二章是面向语言信息处理的现代汉语疑问词研究，分别对现代汉语疑问词“什么”“怎么”“多少”的语义及其所处的句法环境进行了总结，然后通过语感测试，分别构建了这三个疑问词的语义层级模型，最后在自然语料中验证并改进了这三个疑问词的语义层级模型，使之更好地服务于机器翻译中的疑问词词义排歧工作。

第三章是面向第二语言教学的现代汉语疑问词研究，分别将现代汉语疑问词“什么”“怎么”的语义层级模型应用于第二语言教学中，提出相应的教学策略，并选取不同国别的汉语二语者来进行教学实践，最后总结了两次教学实践的应用价值和理论价值。除教学实践之外，还从中介语的视角分析了“什么”类体词性疑问词的偏误类型及其教学对策。

总结过去的研究是为了更好地开展接下来的研究，期待与学界同仁一起沿着疑问词研究的路线继续前进。

牛长伟

2023 年 2 月

目　　录

第一章　现代汉语疑问词及其相关研究

现代汉语的疑问词包括“什么”“谁”“哪里”“怎么”“多少”等，其语义解读分为疑问解读和非疑问解读，非疑问解读又分为任指（全称解读）、虚指（存在解读）和其他非通用解读（如“什么”的例指义和否定义等）。疑问词的这些语义解读由其所处的句法环境来决定，总结这些句法环境将有助于认清疑问词的逻辑基础。本章我们将聚焦于现代汉语疑问词及其所处特殊句式中的相关算子，以期带来对疑问词语义解读更深层次的思考。

第一节　多项疑问句中疑问词的语义解读

现代汉语多项疑问句中疑问词的语义解读一直存在争议，作为母语使用者也会给出多种不同的解读，但学界对此关注较少。一般来说，汉语疑问词在总括副词“都”前时，往往会表全称解（任指），但也存在例外。如在句式 A“WH_1+都+谓词+WH_2”中 WH_1 往往不表全称解读。再者，句式 B“WH_1+WH_2+都+谓词”中，“都”前出现了多个疑问词，此时距“都”最近的疑问词才会表全称解读。牛长伟和程邦雄（2015）在优选论的框架下曾分析了“都”在左向关联 NP 和 WH 时的关联倾向，但还不能解释句式 B 中“都”的关联现象。在此我们尝试在 Koopman 和 Sportiche（1982）的“禁止双重约束原则（bijection principle）”、蒋静忠和潘海华（2013）的“三分结构”及牛长伟和程邦雄（2015）研究的基础上，对这两类句式中“都”的关联现象进行分析，找出制约“都”关联的因素，给出多项疑问句中疑问词的语义解读。

一、多项疑问句中疑问词的语义特殊性

关于副词“都”的用法，吕叔湘(1980/1999：177)指出：“表示总括全部。除了问话以外，所总括的对象必须放在‘都’前。……问话时总括的对象放在‘都’后。”这种“总括对象”也就是“指向”或“关联”的目标(董秀芳，2002；袁毓林，2005；潘海华，2006)。如：

(1)a. 大伙儿①都同意。(吕叔湘，1999)
　b. 你都去过哪儿？(同上)

例(1a)中“都”关联“大伙儿”，意思是：如果X是“大伙儿”中的一员，那么X就同意。例(1b)中“都”关联“哪儿”，意思是：如果X是“你”去过的地方，那么X是什么地方。关于这类现象，詹卫东(2004)、袁毓林(2005)、潘海华(2006)、张蕾等(2012)、蒋静忠和潘海华(2013)等都曾给出过认知和形式上的解释。解释暂且不论，汉语多项疑问句中的“都”总括或关联的对象就比较复杂，表面上并不符合吕先生所总结的语法规则。如：

(2)a. 谁都买了什么？(伍雅清，2002a)
　b. 谁什么都吃？(董秀芳，2002；薛小英、韩景泉，2009)
　c. 什么谁都吃？(董秀芳，2002)

例(2a)是问句，“都”关联的对象可以是“谁”，也可以是“什么”(伍雅清，2002a)；例(2b)也是问句，“都”关联“什么”，询问“谁是所有东西都吃的”；例(2c)同样也是问句，“都”关联“谁”，询问“什么是所有人都吃的”。表面上(2)中各句均为问句，但“都”询问总括的对象不一定放在

① 下画线表示被“都”关联。

“都”之后，例(2b)和例(2c)中，“都”后并无总括的对象。为厘清汉语多项疑问句中“都”的关联制约现象，我们将例(2a)概括为句式 A“WH_1+都+谓词+WH_2”，例(2b)和例(2c)概括为句式 B“WH_1+WH_2+都+谓词”。接下来，先梳理一下前人对这两类句式的研究。

二、多项疑问句的以往分析

(一) 关于“WH_1+都+谓词+WH_2”的分析

伍雅清(2002a)通过英汉多项疑问句的对比，认为英汉两种语言有相似之处，如：

(3) a. Who bought what? (伍雅清，2002a)

b. 谁买了什么？(同上)

在回答例(3a)时，通常需要由动词连接起来的成对答案，这种答案是一种特殊的函数答案(Engdahl，1986；Chierchia，1993)。Wachowicz (1974)注意到英语中多项疑问句的恰当答案必须至少是两对答案。Comorovski(1996)指出多项疑问句中的第一个疑问词有两个特点：①它有全称意义；②它必须是与话语连接的。

而在带“都”的多项疑问句中，如例(2a)，伍雅清(2002a)认为这样的句子不符合 Comorovski(1996)的概括，因为存在三种解读，即：

① Everyone bought something.
(所有人买了一些东西。)

② What is the thing X such that everyone bought?
(什么东西是所有人买了的?)

③ Who is the person Y and what is the thing X such that Y bought X?
(谁买了什么?)

例(2a)若可以获得①和②解读，意味着“谁”可被“都”关联约束，即“所有人都买了一些东西/什么东西是所有人买了的?”。我们认为这种解读很难获得，要得到例(2a)的正确解读，还应从“都”的关联制约入手，后文再述。

(二)关于“WH_1+WH_2+都+谓词”的分析

董秀芳(2002)在解释“都”的指向目标时，使用例(2b)和例(2c)来举例说明“都”的多个可能目标之间的不相容情况。董秀芳给出了判定“都”的多个指向目标共现时句子合法性的五条规则，大致可概括为：不同成分对“都”垄断力不同，由强到弱依次是“特殊全称量化成分(60%)>所有/每 NP(30%)>普通复数意义的名词成分(0%)”。句中同一个“都”的所有指向目标的垄断力的总和不能超过100%。当具有同样垄断力的两个可能指向目标不能同时实现为“都”的指向目标时，靠近“都”的可能的指向目标会胜出。当句中有两个对“都”具有一定垄断力的成分时，垄断力更大的成分应更靠近“都”。这些规则可以解释例(2b)和例(2c)，疑问词 WH 属于董文里提到的“特殊全称量化成分”，两个具有同样垄断力的指向目标在竞争时，距“都”近的胜出。但这样的分析存在两个问题：其一，在形式语义学框架内，“都”作为全称量化词，一次只能指向一个目标，不然就会违反禁止双重约束原则(bijection principle)(Koopman & Sportiche，1982)：一个算子必须且只能约束一个变量。也就是说，不存在“可以都实现为‘都’的指向目标”的可能。其二，所给出的五条规则不能解释一些句子，如：

(4)a. 什么书他们都借过？(牛长伟、程邦雄，2015)

b. 谁这些书都借过？(同上)

例(4a)中“都”重读时，倾向于关联垄断力小的“他们”，而非垄断力大的“什么书”，意思是“处于他们所借书的交集的书是哪些书”。例(4b)中“都”只能关联“这些书”，意思是“有哪些人把这些书都借过”。按照董文的分析，“什么书”和“谁”属于“特殊全称量化成分”，其垄断力大于“他们”和“这些书”，应更靠近“都”才对，但句中的“他们”和“这些书”却更靠近“都”，并且合乎语法。

薛小英和韩景泉(2009)从句法上对例(2b)进行了分析，认为副词“都”必须在表层结构最大限度统领疑问词，疑问词才能表任指。Cheng(1995)认为，“都”的副词性质决定其只能嫁接到带有动词特征的X'或X^0位置。例(2b)中的“都”嫁接到了V'位置，最大限度统领“什么”，没有最大限度统领“谁”，所以“什么”表任指，“谁”表疑问。这种从语义来推导句法位置的思路与语义解释研究关系不大。

接下来，我们在Koopman和Sportiche(1982)、蒋静忠和潘海华(2013)、牛长伟和程邦雄(2015)研究的基础上，对这两类句式中“都”的关联制约进行分析。在进行分析之前，需要特别提出两点：第一，本节分析的基本原则是“禁止双重约束原则”，即在一种解读中，“都”只能关联一个目标。第二，本节为了考察“都”在汉语多项疑问句中的关联制约，避开了一些特定句式、篇章等因素的影响。

三、“WH_1+都+谓词+WH_2”中“都”的关联制约及“WH”的语义解读

英语中例(3a)(即例5a)对应于例(3b)(即例5b)，根据Wachowicz(1974)的分析，例(5a)恰当的答案必须至少是两对答案，例(5b)也符合此要求。除回声句(echo question)以外，当例(5b)仅出现一对答案时，倾向于使用第三人称代词来询问，即“他买了什么”。Comorovski(1996)指出例(5a)中的“who”应具有全称意义，因为最右边的疑问词“what”的答案的指称对象取决于句首疑问词“who”答案的指称对象。右边的“what”是一个函数，该函数的定义域是句首“who”的集合，值域取自右边“what”的集合。那么，多项疑问句的答案就会通过搜寻句首疑问词短语表示的整个集合来确定该函数，这样句首疑问词也就获得了全称意义。通过穷举法，列举出例(5b)中“谁”的集合，也就获得了全称意义。那么，添加全称量化词

“都”后的例(5c)，其语义应作何解读？

(5)a. Who bought what?

b. 谁买了什么？

c. 谁都买了什么？

潘海华(2006)采用焦点理论和三分结构，提出了“都”的语义解释规则。后经蒋静忠和潘海华(2013)修订为P1和P2规则。例(5c)按照P1规则(如果“都”左边存在着可以充当量化域的短语，或者可以由焦点、语境等推导出“都”的量化域，就把它映射到限定部分，并把句子的其余部分映射到核心部分)，可以得到例(6a)的解读，即“都”左向关联约束疑问词“谁”，意思是“所有人都买了什么”。按照P2规则(如果述题中含有一个对比焦点，就把它映射到核心部分，同时把句子的其余部分映射到限定部分)，可以得到例(6b)的解读，即“都”右向关联对比焦点①“什么”，约束“什么”引出的焦点变量，意思是“谁买的所有东西是什么”。

(6)a. Dou [x∈[|人|]] [[x 买了 y] &Q_z[y=z& 东西(z)]](Q为疑问算子)

b. Dou [x 买了 y] [Q_w[x=w& 人(w)] &Q_z[y=z& 东西(z)]]

---

① 张伯江和方梅(1996：74)在分析“谁”时，当“谁”等同于“哪个人”时，要求指别性。当“谁”等同于“什么人”时，要求说明性。只有具有指别性的疑问焦点才是对比焦点。我们运用此方法来测试例(5c)中的对比焦点。即：a. *哪个人都买了什么？b. 谁都买了哪些东西？c. ？谁都买了哪个东西？例(5c)中的“谁”不能替换为具有指别性要求的“哪个人”，即(a)，“谁”倾向于自然焦点。例(5c)中的“什么”可以替换具有指别性的“哪些东西”，即(b)，“什么”倾向于对比焦点。另外，例(5c)中的“什么”若用“哪个东西”来替换时，句子接受度就会不高，即(c)，此处倾向于使用复数性质的短语，这与“都”的P2规则相符。在P2中，“都”要求其右向关联的对比焦点为复数性质(张蕾等，2012)。

其实，例(6a)的解读很难获得，例(6b)应是例(5c)的正确解读。在句式 A“WH_1+都+谓词+WH_2”中，“都”会优先使用 P2 规则。也就是说，在这类句式中，当“都”的右边存在对比焦点 WH_2 时，其会优先向右关联该焦点成分，并约束该焦点成分引出的变量，疑问算子约束该焦点。而当句中“都”右边的对比焦点消失时，“都”才会使用 P1 规则，向左关联并约束疑问词 WH_1。如：

(7) a. 谁都没买什么。

b. 谁都买了什么吗？

例(7a)中的“什么”由于被否定词“没”成分统制(c-command)，表存在解读(Li，1992)，丧失对比焦点功能。此时，“都”右边的对比焦点消失，“都”就会向左关联约束“谁”，使其表全称解读，意思是“所有人都没买东西”。同样地，(7b)中“什么”处于是非问句中，属于真值不确定环境，也表存在解读(Li，1992；伍雅清，2002b)，丧失对比焦点功能。此时“都”会向左关联约束“谁”，使其表全称解读，意思是“所有人都买了东西吗”。这也说明，在句式 A 中“都”优先向右关联对比焦点 WH_2，并约束其引出的焦点变量，当该焦点消失后，才向左关联约束 WH_1。

据 Comorovski(1996)的解释，例(5b)应会穷尽“谁”集合中的元素，而未对“什么”集合中的元素作强制的排他性解读(冯予力、潘海华，2018)。例(5c)在其基础上增加了全称量化词“都”，“都”会向右关联对比焦点“什么”，并约束其引出的焦点变量，对“什么”作强制的排他性解读。所以在回答(5c)时，应将“谁”中每个成员所买的所有东西列举出来。如下所示：

(8) a：昨天谁都买什么？

b：张三买了苹果、梨……李四买了橘子、香蕉……

那么，至此我们可概括出例(5b)和例(5c)的差异：例(5b)对“什么”

无强制性列举的要求，而例(5c)则有此要求。这种差异与例(9a)和例(9b)的差异类似，即：

(9)a. 晚饭你吃了什么？
b. 晚饭你都吃了什么？

例(9a)并未强制要求听话人一一列举所吃的具体食物，回答“快餐”或“面条”等即可。而例(9b)却强制要求听话人对所吃的食物进行一一列举，如“一碗米饭、一个荤菜、两个素菜、一碗汤”等。

四、“WH_1+WH_2+都+谓词”中“都”的关联制约及“WH”的语义解读

(一)以往分析的问题

在“WH_1+WH_2+都+谓词”中，“都”的左边存在两个候选关联项，即 WH_1 和 WH_2。蒋静忠和潘海华(2013)的 P1 规则将“都”左向关联时的“三分结构”描写得很清楚，“都”会关联并约束左边的关联项，但当“都”左边存在两个候选关联项时，“都”的关联次序并未作说明。牛长伟和程邦雄(2015)在“三分结构”的基础上，通过语感测试的方式，对“NP+WH+都+谓词”和“WH+NP+都+谓词”中“都”的左向关联次序进行了总结，即“当‘都’非重读时，‘都’优先关联疑问词；当‘都’重读时，‘都’优先关联非疑问成分”①。此外，还运用优选论和语法系统中的局部性和显著性等语法理论，对“都”的左向关联进行了优选分析，提出了局部性制约条件(即距离

① 当“都”前没有非疑问成分，且被重读时，此时“都”本身作焦点。如例句“什么书，谁，都买了？”，既询问书，也询问买书的人。此时，“都”需要被重读，引出三分结构“OP[什么书 P 看过][P=都]”，其中特征 P 的取值可以是“十分之一”“一半”“四分之三”或者“百分之百”等(张蕾等，2012)。此时，“都”既不关联“什么书”，也不关联“谁”。

制约条件）和显著性制约条件（即移位制约条件）。条件如下：

距离制约条件：距“都”最近的关联项即为优选项。

移位制约条件：移位关联项即为优选项。

以上两个制约条件处于同一个等级。这两个制约条件解决了“NP+WH+都+谓词”和“WH+NP+都+谓词”两个句式中“都”的左向关联制约问题。然而，这两个制约条件还不能分析“WH_1+WH_2+都+谓词”句式中部分句子的关联制约，如例（2c）的优选分析，见表 1-1：

表 1-1　**“什么谁都吃？”的优选分析**

制约条件 / 候选项	距离制约条件	移位制约条件
☞候选项 1：什么谁都吃？		*
☞候选项 2：什么谁都吃？	*	

按照表 1-1 的分析，当“都”关联距其最近的“谁”时，违反了移位制约条件；当“都”关联移位项“什么”时，违反了距离制约条件。此时，两种关联违反的制约条件等级和数量相同，应都被输出作优选项。但事实是，候选项 1 才应该被输出，是唯一优选项。

针对以往分析存在的问题，我们尝试通过在优选论框架内增加制约条件来完善“都”左向关联的优选分析。

（二）“都”的左向关联现象

“都”的左向关联现象可分为三类句式①，即句式①“NP+WH+都+谓

① “都”的左向关联现象非常复杂，如“所有/每 NP”、焦点标记“是”“不管/不论/无论”“连 NP”以及篇章“的确”等成分均会影响“都”的左向关联。我们在此暂不考虑这些因素对“都”关联制约的影响，仅关注更能反映“都”关联次序的简单句型，即句式①、句式②和句式③。至于以上因素对“都”关联制约影响的层级性，将在本章第二节中讨论。

词”、句式②“WH+NP+都+谓词”、句式③“WH_1+WH_2+都+谓词”。

先来看句式①中“都”的关联事实，即：

(10) a. 他们什么书都买了。

b. *他们什么书都买了？

c. 这些书谁都买了。

d. 这些书谁都买了？

在例(10a)和例(10b)中，“什么书”是移位项，也是距“都”最近的关联项。此时，“都”只能关联“什么书”，不会关联“他们”。在例(10c)和例(10d)中，“这些书”是移位项，“谁”是距“都”最近的关联项。此时，“都”非重读时，倾向于关联“谁”；“都”重读时，倾向于关联“这些书”。

接着看句式②中“都”的关联事实，即：

(11) a. 什么书他们都买了。

b. 什么书他们都买了？

c. *谁这些书都买了。

d. 谁这些书都买了？

在例(11a)和例(11b)中，“什么书”是移位项，“他们”是距“都”最近的关联项。此时，“都”非重读时，倾向于关联“什么书”；“都”重读时，倾向于关联“他们”。在例(11c)和例(11d)中，“这些书”是移位项，也是距“都”最近的关联项。此时，“都”只能关联“这些书”。

最后看句式③中“都”的关联事实，即：

(12) a. 谁什么书都买了？

b. *谁什么书都买了？

c. 什么书谁都买了？

d. *什么书谁都买了？

在例(12a)和例(12b)中，“什么书”是移位项，也是距“都”最近的关联项。此时，“都”只能关联“什么书”。在例(12c)和例(12d)中，“什么书”是移位项，“谁”是距“都”最近的关联项。此时，“都”也只能关联“谁”。

牛长伟和程邦雄(2015)在优选论的框架下，运用距离制约条件和移位制约条件可以分析例(10a)~例(10d)、例(11a)~例(11d)、例(12a)~例(12b)中“都”的左向关联制约。唯独例(12c)和例(12d)不能被正确分析，若仅使用距离制约条件和移位制约条件，例(12d)也应该是合法的句子。因为“什么书”是移位项，“谁”是距“都”最近的关联项，两者违反制约条件的等级和数量是相同的，均应被作为优选项输出，但事实上例(12d)是不合法的。我们认为，“都”在左向关联疑问词时，还受到了其他制约条件的影响。

(三)新制约条件的提出

针对以上问题，我们在距离制约条件和移位制约条件的基础上，提出了“阻隔制约条件”，尝试解决“都”在句式①“NP+WH+都+谓词”、句式②“WH+NP+都+谓词”和句式③“WH_1+WH_2+都+谓词”中“都”的左向关联问题。即：

阻隔制约条件：疑问词阻隔非重读“都”的左向关联。

连同距离制约条件和移位制约条件，三个制约条件的等级关系是：距离制约条件/移位制约条件≫阻隔制约条件。

阻隔制约条件的提出有一定的理论支撑和语言事实。首先，阻隔效应(blocking effect)是解释语言现象时的常用术语。在分析汉语反身代词“自己”和复合反身代词“他自己”时，Pan(2001)提出第一、第二人称代词可以对第三人称的名词短语产生阻隔效应。而“他自己”的阻隔效应却受制于一个生命层级，在该层级上越高的NP可以对比其低的NP产生阻隔效应，反之则不然。其次，董秀芳(2002)在分析“都”多个可能指向目标的共现时，指出表任指的代词(表全称解读的疑问词)、否定极性成分、“连NP”等特殊全称量化成分最能吸引“都”的注意力，对“都”具有最大的垄断力。最后，牛长伟和程邦雄(2015)通过语感测试，得出重读的“都”倾向于关联非疑问成分，而非重读的“都”倾向于关联疑问成分。我们认为，当“都”左向关联约束疑问词时，使其表现为全称解读。若“都”为非重读时，“都”仅左向关联约束距其最近的疑问词，该疑问词会阻断“都”向左关联约束更远处的疑问词。

接下来，我们分别来对句式①、句式②和句式③中“都”的左向关联作优选分析。为方便对比，将(10)、(11)、(12)中12个例句的优选竞选表合并为一个表格，即表1-2(表中的双线上下例句不属于同一类句式，上下例句应单独分析)。

表1-2　　**“都”左向关联疑问词的优选分析**

制约条件 / 句式及例句	距离制约条件	移位制约条件	阻隔制约条件
☞(10a)他们<u>什么书</u>都买了。			
(10b)<u>他们</u>什么书都买了？	! *	*	
☞(10c)这些书<u>谁</u>都买了。		*	
☞(10d)<u>这些书</u>谁都买了？	*		
☞(11a)<u>什么书</u>他们都买了。	*		
☞(11b)什么书<u>他们</u>都买了？		*	
(11c)<u>谁</u>这些书都买了。	! *	*	
☞(11d)谁<u>这些书</u>都买了？			

续表

制约条件 句式及例句	距离制约条件	移位制约条件	阻隔制约条件
☞(12a)谁什么书都买了?			
(12b)谁什么书都买了?	! *	*	*
☞(12c)什么书谁都买了?		*	
(12d)什么书谁都买了?	*		! *

表1-2中，例(10a)和例(10b)是优选竞选表中的一对。例(10a)中“都”关联的“什么书”是距“都”最近的关联项，满足距离制约条件；同时也是移位项，满足移位制约条件；“都”与“什么书”之间不存在阻隔成分，满足阻隔制约条件。例(10b)中“都”关联的“他们”不是距“都”最近的关联项，违反距离制约条件；同时也不是移位项，违反移位制约条件；“都”与“他们”之间虽存在阻隔成分“什么书”，但“都”倾向于重读，不形成阻隔效应，满足阻隔制约条件。例(10a)没有违反任何制约条件，作为优选项输出。

例(10c)和例(10d)是优选竞选表中的一对。例(10c)中“都”关联的“谁”是距“都”最近的关联项，满足距离制约条件；但不是移位项，违反移位制约条件；“都”与“谁”紧邻，满足阻隔制约条件。例(10d)中“都”关联的“这些书”不是距“都”最近的关联项，违反距离制约条件；但它是移位项，满足移位制约条件；“都”与“这些书”之间虽存在阻隔成分“谁”，但“都”倾向于重读，不形成阻隔效应，满足阻隔制约条件。例(10c)和例(10d)违反制约条件的等级和数量相同，均作为优选项输出。

例(11a)和例(11b)是优选竞选表中的一对。例(11a)中“都”关联的“什么书”不是距“都”最近的关联项，违反距离制约条件；但它是移位项，满足移位制约条件。“都”与“什么书”之间的“他们”不是阻隔成分，满足阻隔制约条件。例(11b)中“都”关联的“他们”是距“都”最近的关联项，满足距离制约条件；但不是移位项，违反移位制约条件。“都”与“他们”紧邻，满足阻隔制约条件。例(11a)和例(11b)违反制约条件的等级和数量相同，均作为优选项输出。

例(11c)和例(11d)是优选竞选表中的一对。例(11c)中“都”关联的“谁”不是距“都”最近的关联项，违反距离制约条件；同时也不是移位项，违反移位制约条件。“都”与“谁”之间的“这些书”不是阻隔成分，不形成阻隔效应，满足阻隔制约条件。例(11d)中“都”关联的“这些书”是距“都”最近的关联项，满足距离制约条件；同时也是移位项，满足移位制约条件。“都”与“这些书”紧邻，满足阻隔制约条件。例(11d)没有违反任何制约条件，作为优选项输出。

例(12a)和例(12b)是优选竞选表中的一对。例(12a)中“都”关联的“什么书”是距“都”最近的关联项，满足距离制约条件；同时也是移位项，满足移位制约条件。“都”与“什么书”紧邻，满足阻隔制约条件。例(12b)中“都”关联的“谁”不是距“都”最近的关联项，违反距离制约条件；同时也不是移位项，违反移位制约条件。“都”与“谁”之间存在疑问成分“什么书”，且“都”倾向于非重读，形成阻隔效应，违反阻隔制约条件。例(12a)没有违反任何制约条件，而例(12b)违反了三个制约条件，所以例(12a)作为优选项输出。

例(12c)和例(12d)是优选竞选表中的一对。例(12c)中“都”关联的“谁”是距“都”最近的关联项，满足距离制约条件；但不是移位项，违反移位制约条件。“都”与“谁”紧邻，满足阻隔制约条件。例(12d)中“都”关联的“什么书”不是距“都”最近的关联项，违反距离制约条件；但它是移位项，满足移位制约条件。“都”与“什么书”之间存在疑问成分“谁”，且“都”倾向于非重读，形成阻隔效应，违反阻隔制约条件。例(12c)违反的制约条件少于例(12d)，所以例(12c)作为优选项输出。

阻隔制约条件的提出，可以更加全面地刻画“都”的左向关联次序，这样在优选论框架下就可以统一解释句式①、句式②和句式③中“都”的左向关联现象，确定关联项后，按照P1规则，即可得出正确的解读。

五、结语

在句式A“WH_1+都+谓词+WH_2”中，“都”一般会优先关联对比焦点WH_2，并约束其引出的焦点变量，疑问算子约束WH_2，使其表疑问解读。当WH_2被其他算子约束(如否定、真值不确定环境等)时，WH_2会呈现存在解读，此时的“都”才会左向关联并约束WH_1，使其呈现全称解读。在句式B“WH_1+WH_2+都+谓词”中，“都”只会左向关联并约束距其最近的WH_2，使其表全称解读。为统一解释“都”的左向关联现象，本书在优选论框架下，提出了距离制约条件、移位制约条件和阻隔制约条件，这三个制约条件可以解释“都”的左向关联制约现象。在句式A和句式B中，看似与吕先生的断言相悖，其实是一致的。句式A中“都”询问总括的对象是WH_2，处于“都”之后，询问义由WH_1和WH_2共同发出。句式B中“都”总括的对象是WH_2，处于“都”之前，此时询问义仅由WH_1发出。

第二节 “都”的关联对象及任指句中的疑问词

我们接着上一节的讨论，继续研究“都”的关联对象以及“都”字句中疑问词的语义解读。汉语“都”字句是副词研究的热点，主要涉及“都”的关联方向、对象及其特征。我们在此对“都”的关联对象(包括任指句中的疑问词在内)的语表形式进行总结，并得出其语里意义。

任何语法事实都存在语表形式、语里意义和语用价值三个角度，研究中这三个角度往往都需要进行观察。(邢福义，2016)汉语“都”字句的语表形式多样，主要表征在“都”的关联①对象上，如复数N(“N”为名词性成分)、每N、任何N、所有N、一切N等词组以及含“都”的连字句、最小量句、任指句(疑问词表全称解读)、无条件复句等句中的相关词语。“都”

① “关联”(袁毓林，2005；潘海华，2006；熊仲儒，2008；张蕾等，2012)也被称为“指向”(董秀芳，2002)或量化(沈家煊，2015；周韧，2021)。

不同的关联对象所衍生出的语用价值也有所不同，如“甚至”义、“已经”义(《现代汉语八百词》，以下简称《八百词》)以及“隐性否定”(袁毓林，2007)等。那么，“都”的语里意义(基本义)应是什么？疑问词在其关联对象中所处的等级如何？由表察里的关键是分析“都”的关联对象，究其异同，方可窥见语里。抓住“都”的基本义，由里究表，才能做到表里互证。

在“都”字句中，“都”的关联方向、对象、数量及等级均会直接影响句子的语义解读，这也是语言信息处理和汉语二语教学上需要面对的问题。弄清这些问题，才能将“都”的全貌刻画出来。接下来，我们在前人分析的基础上，通过观察语料，由表察里，总结“都”的关联对象的基本特征，找出“都”的基本义。然后以“都”的基本义入手，探究不同类型关联对象对“都”垄断(董秀芳，2002)的强弱，以期表里互证。

一、以往分析

关于“都”的研究，一般会涉及“都”的关联方向、对象及其数量与等级制约。

关于关联方向。吕叔湘(1980)提道：“表示总括全部。除问话外，所总括的对象必须放在‘都’前。……问话时总括的对象(疑问词)放在‘都’后。”马真(1983)、徐杰(1985)总结到“都”总括对象多数在前，但少数也可后置，这种现象古代汉语的范围副词早已有之。潘海华(2006)、熊仲儒(2008)、张蕾等(2012)、蒋静忠和潘海华(2013)、冯予力和潘海华(2018)认为“都”除了左向关联外，还可右向关联。沈家煊(2015)认为汉语中只存在“都”的右向量化。周韧(2021)认为“都 VP”一起左向关联复数性成分，向右并无量化。前人对关联方向的讨论缺乏共同的理论基础，基于描写、形式、认知的均有，但尚无确论。

关于关联对象。Lee(1986)指出，“都”必须量化其左侧的复数性成分。蒋静忠和潘海华(2013)将其左向量化域(关联对象)的形式进行了扩展，将复数性成分具化为“可以充当量化域的短语，或者可以由焦点、语境等推导出的‘都’的量化域”，不仅限于短语，还可以是语用推导(蒋严，1998)

出的其他复数性成分。张蕾等(2012)提出“都”右向关联时，也要求其核心域(右向关联对象)是复数性的。前人对关联对象的研究最为透彻，但往往仅关注某一类或几类对象，尚未从词、单句、复句的角度进行全面梳理。

关于关联对象的数量。Lee(1986)在管辖约束理论框架内认为“都”是非选择性全称量词，若其左向辖域内有两个变量，“都”可关联其中之一，也可同时关联两个变量，如：

(13) 那些书我们都喜欢。(Lee，1986)

Lee(1986)认为，例(13)有三种解读，“都”可关联“那些书(We like all those books)”或“我们”(All of us like those books)，也可同时关联“那些书”和“我们”(All of us like all those books)。吕叔湘(1980)、温宾利等(2002)、詹卫东(2004)、李文浩(2013)也认为“都”可以同时关联多个对象。Cheng(1991)认为“都”一次只允准一个名词短语。熊仲儒(2008)在解释Cheng(1991)的观点时，认为“都”要与其关联的成分在LF(逻辑形式)上发生移位，其与“那些书”移位后就不能再与“我们”移位。蒋严(1998)指出“都”的概念信息要求它与一个且只有一个名词组发生作用。前人对关联对象的数量问题讨论最为激烈，但由于所举例句的语感不一，所用理论的操作不一，也致使所得的结论不一。另外，前人关注的“都”字句往往仅聚焦于其语表形式，并未考虑其生成路径，故对“都”的关联对象的数量捉摸不定。

关于关联对象的等级制约。任海波(1995)将“都”的关联对象分为三个等级：遍指或任指>复数>单数(大于号表示优先性)。董秀芳(2002)把“都”的关联对象也分为三大类：特殊全称量化成分>所有/每NP>普通复数意义的名词性成分(从左到右对“都”的垄断力依次减弱)。詹卫东(2004)提出越靠近“都”的可充任谓词参项的成分，越可能成为其关联的对象。李文浩(2013)认为“都”的指向(关联)对象可归纳为三类：遍指/任指/极性类>列举/表数类>普通可量化对象(从左到右接受“都”选择的优先度依次减弱)。前人对关联对象的等级制约的讨论形式多样，角度选取也不尽相同，结论也各有出入。对该方面的研究，主要还应依靠语料，而非自省语句，这也是前人结论不一的原因之一。

接下来，我们提出关于“都”的关联方向、对象及其数量与等级的观点。

二、“都”的关联方向、对象及数量

(一)“都”的双向关联

“都”为全称量化词(基本义为“总括”)，可左向关联，也可右向关联。以《八百词》的观察为例。

(14)a. 我<u>什么</u>都不要。(《八百词》)
b. 你都去过<u>哪儿</u>？(《八百词》)

例(14a)中的“都”左向关联“什么”，使其表全称解读(任指)。例(14b)中的“都”右向关联“哪儿”，其仍表疑问解读。《八百词》的总结为“除问话以外，所总括的对象必须放在‘都’前”。既然例(14a)和例(14b)中“都”的关联对象均为疑问词，为何疑问词所呈现的解读不同？蒋静忠和潘海华(2013)提出了 P1 和 P2 分别来解释“都”的关联现象，即：

P1：如果“都”左边存在着可以充当量化域的短语，或者可以由焦点、语境等推导出“都”的量化域，就把它映射到限定部分，并把句子的其余部分映射到核心部分。

P2：如果述题中含有一个对比焦点成分，就把它映射到核心部分，同时把句子的其余部分映射到限定部分。

使用优先顺序是 P1→P2。

他们提出了形式语义学上的“约束(bind)”概念。值得注意的是，“关联(associate)”和“约束”的概念并不一样。“关联”的对象与“语义指向”一样，是“都”指向的目标，而“约束”的对象是“都”的语义功能实现的对象。“都”关联的对象并不一定是其约束的对象。按 P1 分析，例(14a)中的“都”左向关联“什么”，并将其约束，其三分结构为：

$$\text{都}_{\text{算子}}[X \in \{\text{东西}\}]_{\text{限定部分}}[\text{我 }X\text{ 不要}]_{\text{核心部分}}$$

意思是“对于每一个 X 来说，如果 X 是‘东西’中的一员，那么我就不要”。“都”关联并约束“什么”，使其呈现全称解读。例(14b)中的“都”关联“哪儿”，约束的是其引出的变量，即“你都去过的 X”中的焦点 X，而非“哪儿”本身。据 P2 可知其三分结构为：

$$\text{都}_{\text{算子}}[X \in \{\text{你去过 }X\}]_{\text{限定部分}}[X = \text{哪儿}]_{\text{核心部分}}$$

意思是“对于每一个 X 来说，如果 X 是‘你去过 X’中的一员，那么，X 是哪儿”。例(14b)中的“都”仅关联“哪儿”，不会将其约束，其仍被疑问算子约束，故表疑问解读。

牛长伟和程邦雄(2015，2020)在此基础上提出“都”的约束规则，即：

左向关联时，约束关联项；右向关联时，约束关联项引出的变量。

引入“约束”概念，可以解决“都”的左向关联对象与右向关联对象语义表现不同的问题。

(二)“都”的关联对象的类型及要求

除前面所举疑问词外，“都”的关联对象的类型也不尽相同，大致可分为①词汇型、②句式型和③复句型。

1. 词汇型关联对象

先看词汇型关联对象。

(15)a. 大伙儿都同意。(《八百词》)

b. 我都忘了你的名字了。(《八百词》)

c. 都十二点了，还不睡！(《八百词》)

词汇型关联对象一般是单纯的词语，“都”字不是允准句子合格的必要条件。也就是说，“都”字出现后，其关联对象会取分配性解读(distributive reading)，即：(a+b)C⇒Ca+Cb(徐杰，1985)中的后件“Ca+Cb”；“都”字不出现，句子也可成立，原关联对象会取集合性解读(collective reading)，即“(a+b)C”。

《八百词》将例(15a)中的“都”归为“总括”义，为“都”的一般用法。按“都”作全称量化词分析，该句中“都”左向关联并约束复数性成分“大伙儿”，使“大伙儿”中的每一个成员具有“同意”的特征。

《八百词》将例(15b)中的“都”归为“甚至”义。按“都”作全称量化词分析，该句中“都”右向关联“忘了”，约束其引出的变量，即“我X你的名字”的变量X，如“我X你的名字”的可能性序列可设置为：“忘了<记得<熟悉”，X可取序列中的值。“都”关联处于序列最低端的“忘了”后，通过语用推理也就排除了“我记得你的名字”和“我熟悉你的名字”的可能性，从而实现“都”对该序列的全称否定。

《八百词》将例(15c)中的“都”归为“已经”义。按“都”作全称量化词分析，该句中“都”同样是右向关联“十二点”，约束其引出的变量，即“X点了，还不睡”的变量X，如“X点了，还不睡”的可能性序列可设置为：“十二点<十一点<十点”，X可取序列中的值。“都”关联处于序列最低端的“十二点”后，可排除“十一点了，还不睡”和“十点了，还不睡”的可能性，实现了对该序列的全称否定。

从例(15b)和例(15c)可知，“都”右向关联时，“都”会对其关联对象引出的变量进行全称否定，这也就涵盖了“都”的“甚至”义、“已经”义和“隐性否定”功能。从例(15a)~例(15c)可得出，“都”对其词汇型关联对象的要求为复数性成分(“大伙儿”)或语境中可推导出复数性成分的词(“忘了”“十二点”)。

2. 句式型关联对象

再看句式型关联对象。

(16) a. 连书包里的东西都淋湿了。(《八百词》)
b. 一个人都不见。(《八百词》)
c. 每一事物都有自己的特点。(《八百词》)
d. 任何解释都消除不了他的疑团。(《八百词》)
e. 一切手续都办好了。(《八百词》)
f. 所有人都来了。(《八百词》)

与词汇型关联对象不同，句式型关联对象要求“都”字必须出现，其为允准句子合格的必要条件。例(14a)、例(16a)~例(16f)中“都”字必须出现。例(14a)中的“什么”、例(16a)~例(16f)中的“连N”“一N”“每N”“任何N”“一切N”“所有N”均需“都”与之呼应，句子才能合格。其中，表全称解读的“什么”和“每N”“任何N”“一切N”“所有N”均可看作复数性成分，“都”左向关联并约束这些成分，使之具有谓词的特征。“连N”和“一N”均可推导出相应的复数性序列，如关于“淋湿”的可能性序列可设置为：“书包里面的东西<书包表层<书包外挂件”；“不见人”的数量的可能性序列可设置为：“一个人<两个人……<n人”。“都”左向关联了序列中最低端项，使之表达出“书包里外的东西都淋湿了”“所有人都不见”。

从例(14a)、例(16a)~例(16f)可得出，“都”对句式型关联对象的要求也为复数性成分(“什么”“每N”“任何N”“一切N”“所有N”)或可推导出复数性成分的句式结构(“连N”“一N”)。

3. 复句型关联对象

最后看复句型关联对象。

(17) a. 不管刮风还是下雨，我都坚持练习游泳。(《八百词》)
b. 无论干什么事情，他都非常认真。(《八百词》)

与前两种关联对象不同，复句型关联对象与“都”一般分处复句前后两句。例(17a)、例(17b)为典型的无条件复句，与此类似的连词还有“不论”等。无条件复句的特点是前句中应至少包含两个或两个以上的可选项，如“选择问句”“特殊问句”“正反问句”和“多么”类程度句才可嵌入前句。这些可选项也恰好满足了“都”对关联对象复数性的要求。

“都”的词汇型、句式型和复句型关联对象均有一个共同的特征，即复数性成分。若非直接复数性成分，也应间接推导出复数性成分。我们认为，这是“都”的关联对象的基本特征。这一特征也满足了“都”作为全称量化词的要求，即对相关复数性成分进行“总括”。

(三)“都”的单项关联

当“都”字句中出现两个或两个以上可供“都”关联的对象时，其会关联一个还是多个？这个问题前人关注较多。我们的观点是“都”一次仅可关联一个对象，一个对象也仅能被“都”关联一次。这个观点符合 Koopman 和 Sportiche(1982)提出的“禁止双重约束原则(bijection principle)”，即“一个算子必须且只能约束一个变量”。由于“关联”是“约束”的前提，所以“一个算子必须且只能关联一个变量”。基于此，我们尝试对前人所举的“都”的多项关联的例句进行重新分析，将关联对象按并列成分和非并列成分进行分类，提出各自的生成路径，以论证我们的观点。

1. 删略式合并

先看并列成分的关联对象及其生成路径。句中多个成分若充当相同的句法成分，即为并列成分。如：

(18)a. 每一个米粒，每一片菜叶都那么入口，芳香满口。(李文浩，2013)

b. 任何国家，任何民族都有自己的文化艺术。(《八百词》)

c. 大家都获益、都开心、都幸福。(《人民日报》，2011-06-12)

李文浩(2013)提出，一般情况下“都”只指向(关联)一个可量化对象，当且仅当两个强全称成分在句中共现时，“都”才可以同时指向(关联)它们，并以例(18a)作为例证。与例(18a)类似的还有例(18b)，“都”前存在两个可被关联的主语。而例(18c)中则存在三个需要做出关联的“都”。从语表形式来看，例(18a)和例(18b)中的“都”确实关联了两个主语，例(18c)中的“大家”被三个“都”关联了。我们认为，这类句子并非基本句，而是通过删略相同语段合并(语义上为合取)而来的，将其称为删略式合并。操作如下：

(19)a. (每一个米粒都那么入口……)∧(每一片菜叶都那么入口……)

→(每一个米粒，每一片菜叶都那么入口……)

b.(任何国家都有自己的文化艺术)∧(任何民族都有自己的文化艺术)

→(任何国家，任何民族都有自己的文化艺术。)

c.(大家都获益)∧(大家都开心)∧(大家都幸福)

→(大家都获益、都开心、都幸福。)

例(18a)应由例(19a)中两个短句合并，然后通过删略相同语段“都那么入口……”而来。例(18b)应由例(19b)中两个短句合并，然后通过删略“都有自己的文化艺术”而来。例(18c)应由例(19c)中的三个短句合并，然后通过删略相同语段“大家都”而来。前面短句的语义合取也恰好等同于合并后长句的语义。所以，若要分析合并后的长句中“都”的关联对象，则需察看其合并前的短句中“都”的关联对象。在上述短句中，每个“都”仅关联了一个对象，每个关联对象也仅被“都”关联了一次。

2. 替换式合并

再看非并列成分的关联对象及其生成路径。句中多个成分在充当不同的句法成分，即为非并列成分。如：

(20) a. 我倒无所谓，住在哪儿跟谁住都可以。(李文浩，2013)

b. 老张和老李给汶川和玉树都捐了一千块。(周韧，2019)

c. 这两个病人在午餐和晚餐前都吃了一片药。(周韧，2019)

例(20a)中"哪儿"和"谁"均为全称解读，应均被"都"左向关联。例(20b)和例(20c)的优势解读应为"总共捐了四千元"和"总共吃了四片药"(周韧，2019)，也就是说，这两句中的"都"左向关联了两个成分，使这两个成分均取分配性解读。同样地，我们认为这类句子是通过替换相应成分后，再删略相同语段合并(语义上为合取)而来的，将其称为替换式合并。操作如下：

(21) a. (……住在哪儿跟 X 都可以) ∧ (……住在 Y 跟谁住都可以)

→(……住在哪儿跟谁住都可以。)

b. (老张和老李给 X 都捐了一千块) ∧ (Y 给汶川和玉树都捐了一千块)

→(老张和老李给汶川和玉树都捐了一千块。)

c. (这两个病人在 X 餐前都吃了一片药) ∧ (Y 在午餐和晚餐前都吃了一片药)

→(这两个病人在午餐和晚餐前都吃了一片药)

例(20a)应由例(21a)中的两个短句先合并，再由 X 替换"谁"，Y 替换"哪儿"，最后删略相同语段"住在……跟……都可以"而来。例(20b)应由例(21b)中的两个短句先合并，再由 X 替换"汶川和玉树"，Y 替换"老张和老李"，最后删略相同语段"……给……都捐了一千块"而来。例(20c)应由例(21c)中的两个短句先合并，再由 X 替换"午餐和晚餐"，Y 替换"这两个病人"，最后删略相同语段"……在……餐前都吃了一片药"而来。在语义上，前面短句的合取义与合并后的长句语义等值。分析长句中“都”的关联问题，同样要从短句入手，这样“都”的多项关联问题在“禁止双重约束原则”的框架内也就得到了解决。

另外，李文浩(2013)还提到下句：

(22)你要不放心你可以跟我一起去，谁要有什么怀疑都可以跟我走。(李文浩，2013)

李文浩认为例(22)中“都”同时关联“谁”和“什么怀疑”。我们认为，该句中的“都”仅关联“什么怀疑”，使其呈现全称解读。“谁”处于“要(是)”类条件句中，属真值不确定环境(Lin，1998)，应表存在解读(虚指)。该句意思并非“任何人要有任何怀疑都可以跟我走”，而是“要是有人有任何怀疑都可以跟我走”。

3. 推导式合并

最后再看一类“都”字句的生成路径，即推导式合并。以例(15a)为例，若“大伙儿”对应于集合{张三、李四、王五}，那么其生成路径应为：

(23)(张三同意)∧(李四同意)∧(王五同意)→(大伙儿都同意。)

例(15a)应由例(23)中三个短句合并，集合内元素合取后，取等值的“大伙儿”，然后插入“都”字而来。

推导式合并应是“都”字句的基本生成路径。删略式合并和替换式合并可以解释“都”对其前并列成分和非并列成分的关联表现，可在“禁止双重约束原则”的框架下解释“都”的多项关联约束现象。但是，两个或多个短句合并后，“都”有时却不能再关联短句中本可关联的对象，如：

(24)a. 我们连1%的利润率都拿不到，甚至还要赔本！(《人民日报》，2003-11-03)

b. 在对巴西、古巴等世界强队时，每局连 16 分都超不过。(《文汇报》，2003-11-28)

例(24a)、例(24b)均可按照替换式合并来生成，“都”理应关联其前的两个复数性成分。但例(24a)中的“都”仅能关联“连 1%的利润率”，却不能关联“我们”，“我们”取集合性解读，而非分配性解读。例(24b)中的“都”却可以关联“每局”和“连 16 分”。这表明“都”对这些成分的关联强弱有别，关联强弱涉及“都”的关联对象的等级制约问题。接下来，我们来讨论这个问题。

三、“都”的关联对象的等级制约

一般来说，“都”字句中若存在多个复数性成分，且这些成分在删略式或替换式合并之前可被“都”关联，那合并之后，“都”还应该可以关联这些成分。但事实上，“都”在这类句子中一般会存在关联倾向，尤其表现在非并列成分的关联对象上。接下来，我们分别从不同类型关联对象之间的等级制约、同类型关联对象之间的等级制约两个方面，以非并列成分关联对象为例来观察其等级制约。

(一)不同类型关联对象之间的等级制约

在上一小节中，我们将“都”的关联对象分为词汇型、句式型和复句型。以非并列成分为例，多个不同类型关联对象出现在“都”字句时，“都”的关联倾向会因关联对象的类型不同而表现出差异。考虑到关联对象距“都”的距离的影响(董秀芳，2002；詹卫东，2004)，我们观察时均举两个例句，两句中“都”距关联对象的距离不同。

1. 词汇型关联对象与句式型关联对象之间的等级制约

先看词汇型关联对象与句式型关联对象之间的等级制约。词汇型关联对象以复数人称代词为例，分析其与句式型关联对象共现时“都”的关联倾向。

(25)……连修厕所的活我们都接。(《人民日报》,1958-03-27)

例(24a)和例(25)中的“我们”距“都”的距离虽不同,但“都”仅关联“连N”。可得出“连N>我们”。

(26)a. ……我们一个门都不能丢,更不能让它成了别人的门!(《人民日报》,1996-01-22)

b. 为什么农村妇女要盛一碗面汤你们都不让?(《人民日报》,1966-09-12)

例(26a)中的“我们”和例(26b)中的“你们”距“都”的距离虽不同,但“都”仅关联“一N”。可得出“一N>我们”。

(27)a. 每一笔账我们都要记下来。(《人民日报》,1967-08-05)

b. 这些作品都太美了,我们每一幅都很喜欢,这次来得非常值。(《人民日报》,2013-11-23)

例(27a)和(27b)中的“我们”距“都”的距离虽不同,但“都”仅关联“每N”。可得出“每N>我们”。

(28)a. 只要给我们南下的任务,任何艰苦困难我们都能忍受。(《人民日报》,1949-04-15)

b. 有了党的领导,我们任何困难都能克服。(《人民日报》,1960-04-16)

例(28a)和例(28b)中的“我们”距“都”的距离虽不同,但“都”仅关联“任何N”。可得出“任何N>我们”。

(29) a. 所有的车我们都会进行检查。(《人民日报》，2013-12-12)

b. 我们所有的问题都已经解决。(《人民日报》，1957-10-04)

例(29a)和例(29b)中的“我们”距“都”的距离虽不同，但“都”仅关联“所有 N”。可得出“所有 N>我们”。

(30) a. 一切困难我们都能克服。(《人民日报》，1967-02-02)

b. 我们一切生活上的用品都可以买到。(《人民日报》，1955-07-03)

例(30a)和例(30b)中的“我们”距“都”的距离虽不同，但“都”仅关联“一切 N”。可得出“一切 N>我们”。

综上所述，句式型关联对象对“都”的关联垄断要高于词汇型关联对象，即“句式型>词汇型”。

2. 词汇型关联对象与复句型关联对象之间的等级制约

再看词汇型关联对象与复句型关联对象之间的等级制约。词汇型关联对象以复数人称代词为例，从下面的例子来看其与复句型关联对象共现时“都”的关联倾向。

(31) a. 无论什么样的困难我们都要千方百计克服！(《人民日报》，1999-07-01)

b. 他们无论什么会都首先考虑是否能开出成效来。(《人民日报》，1978-11-23)

例(31a)中的“我们”和例(31b)中的“他们”距“都”的距离虽不同，但“都”仅关联“无论 N”。可得出“无论 N>我们”，这就是说复句型关联对象对“都”的关联垄断也高于词汇型关联对象，即“复句型>词汇型”。

3. 句式型关联对象与复句型关联对象之间的等级制约

最后再看句式型关联对象与复句型关联对象之间的等级制约。句式型关联对象以“每 N”为例，来看其与复句型关联对象共现时“都”的关联倾向。

(32) a. 且不论是不是每一位作者都刻意为之。(《人民日报》，2001-12-20)

b. 每个艺术家不管愿意不愿意，都不能不接受这个洪炉的考验。(《人民日报》，1961-12-14)

例(32a)和例(32b)中的“每 N”和“不论/不管 N”距“都”的距离虽不同，但均可被“都”关联。可得出句式型关联对象与复句型关联对象对“都”的关联垄断程度相当，即“句式型=复句型”。

综合以上例句，可以得出词汇型关联对象对“都”的关联垄断要低于句式型和复句型关联对象，即“句式型/复句型>词汇型”。究其原因，这是因为句式型和复句型关联对象对“都”的依赖性更大，脱离“都”以后，句子的合格性就受到了挑战，而词汇型关联对象脱离“都”后，在句中仍可以集合性解读呈现。

(二) 同类型关联对象之间的等级制约

接下来，我们来看“都”关联多个同类型关联对象的倾向。

1. 词汇型关联对象之间的等级制约

先看词汇型关联对象之间的等级制约。多个词汇型关联对象共现于一句子时，“都”的关联倾向较为明显。李文浩(2013)提出列举类/表数类的关联对象等级要高于普通类复数性词语，如：

(33) a. 帽子、鞋、枪我们都会替你保管。(李文浩，2013)

b. 好几年他家人都瞒着他奶奶，说这个孙子去外地了。(李文浩，2013)

与普通复数名词短语相比，句中的列举类和表数类短语往往在句中较为凸显，而语言结构中信息的选择与安排是由信息的凸显程度决定的（Ungerer & Schmid，2001）。凸显成分往往会被“都”优先关联，我们同意这一分析。除这两类词汇型关联对象外，普通复数名词短语作为“都”的关联对象时，还会受到距离制约和移位制约的影响，如：

（34）a. 我们这些著作都可以不读。（《人民日报》海外版，2016-06-07）

b. 这些困难我们都克服了。（《人民日报》海外版，2015-12-18）

例（34a）中的“都”倾向关联“这些著作”，关联“我们”较难，“我们”仅能取集合性解读。例（34b）中的“都”可关联“这些困难”，也可关联“我们”。究其原因，我们认为例（34a）中的“这些著作”属前置移位宾语，且离“都”近，占据了移位和距离双重优势，将“都”的关联完全垄断。例（34b）中的“这些困难”也属前置移位宾语，但据“都”较远，仅占据移位优势，距离优势则被“我们”占据，所以两者对“都”的垄断平分秋色，均可被“都”关联。

再看例（20b）和例（20c），“都”的关联项均在原位，非移位项，此时“都”应关联距其最近的“汶川和玉树”“午餐和晚餐”，但为何此时的优势解读是“总共捐了四千元”和“总共吃了四片药”？我们认同周韧（2019）的分析，因为在日常生活情境中，“合作捐款”和“分享药品”一般不会发生。由此也能看出，“都”的关联问题其实很复杂，还应考虑语用情境。综合考虑移位制约和距离制约后，例（20b）和例（20c）中“都”应优先关联“汶川和玉树”“午餐和晚餐”，这符合大家的语感。但为得出符合常识的解读，语用情境使“都”继续向左关联了“老张和老李”“这两个病人”。从某种程度上说，这两个句子也说明了移位制约和距离制约在“都”关联普通复数名词短语时的重要性。

2. 句式型和复句型关联对象之间的等级制约

最后看句式型和复句型关联对象之间的等级制约。这两类关联对象由于均需“都”来允准句子的合格，所以多个关联对象共现时，一般情况下，其对“都”的关联垄断相当。但也有例外，如：

(35)谁什么都吃？(董秀芳，2002)

按照句子合格性的要求，例(35)中的“谁”和“什么”均应被“都”关联，使句子合格，但事实上“都”仅可关联“什么”。这是因为汉语疑问词具有多义性，例(35)中的“谁”表疑问解读时，就不再需要“都”来允准，所以其不被“都”关联，也不会影响句子的合格性。此时“都”优先关联了距其最近的“什么”，使之呈现全称解读，而“谁”仍表疑问解读，故全句为疑问句。此处亦可借用本书第一节“(三)新制约条件的提出”中的阻隔制约条件来解释例(35)中“都”的关联制约，即疑问词阻隔非重读“都”的左向关联。

句式型和复句型关联对象由于对“都”的共现具有强制性，所以两者对“都”的关联垄断要强于词汇型关联对象。特殊情况下，句式型关联对象可能由于其多义性，不会再作“都”的关联对象。词汇型关联对象中的列举类和表数类在句中往往优先被“都”识别关联，而“都”对普通复数名词短语的关联，则需要综合考虑距离与移位两种制约因素。

四、结语

“都”字句的语表形式各异，体现在关联对象上，但究其语里意义，其实就是对复数性成分或可被推导为复数性成分的全称量化(总括)。语里相同而语表互异赋予了“都”多种语用功能，如由“都”的关联衍生出的“甚至”义、“已经”义和“隐性否定”，这些语用功能均来自其基本义“总括”。将“都”的关联问题化繁为简，抓住其语里意义，得出其关联规律，将有助于自然语言处理和汉语二语教学。

第三节　总括副词与类同副词的语义关联及任指句中的疑问词

汉语普通话中，“都”是范围副词，表总括义(马真，1983；苏培成，1984)，可看作总括副词的典型代表；“也”表类同义(马真，1982，2014)，可看作类同副词的典型代表。总括副词“都”往往也被分析为“全称量化词”，其基本语义是对集合中的每一个X来讲，X均具有谓语的特征；类同副词“也”又被称为“添加算子”，它会预设存在一个不等于断言值的X，X能满足相关开语句。两者语义区别明显，例如：

(36)a. 大伙儿都同意。

b. 将来我也去边疆工作。

(吕叔湘，1999：177，595)

例(36a)是指对于集合“大伙儿”中的每一个人来讲，其均具有“同意”的特征，即对具有“同意”特征成员的总括。例(36b)则预设存在一个不等于“我”的个体X满足开语句“将来X去边疆工作”，“我”和“X”均属于“将来去边疆工作”的个体的集合。从(36a)和(36b)来看，“都”和“也”的语义各司其职，呈互补分布。然而，两者在允准任指句、最小量句和“连”字句等方面却具有相似的语义功能，语义功能呈交叉分布。例如：

(37)a. 什么都/也不说。

b. 一个都/也不能少。

c. 连小孩都/也知道这个道理。

(巴丹，2013)

在特定语境中，例(37)中的疑问词“什么”、最小量短语“一个”，“连”字短语“连小孩”既可被“都”允准，也可被“也”允准，且句义基本相同。那么，“都”和“也”这种语义交叉的关联现象是否为汉语普通话所特有呢？我们再来看粤语的例子：

(38) a. Léuhng ga dōu leng.
两　　个 都　漂亮
两个都漂亮。

b. A. Léih bóu-juhng a.
你　保重　　啊
你保重啊。

B：Leih dōu haih.
你　也　是
你也是。

(Matthews & Yip，1994：263，188)

例(38a)中“dōu”表总括义，(38b)中“dōu”应理解为表类同义的“也”。汉语普通话“都”和“也”的基本语义呈互补分布，但在语义功能上却有交叉；而粤语“dōu”除具有总括义外，还具有类同义，总括义与类同义呈包含关系。我们通过对汉语及其亲属语言进行考察后发现，总括副词和类同副词①在语义关联上比较复杂，语义互补、交叉、包含皆有。接下来，我们先考察汉藏语中此类语义关联现象，再尝试运用语义地图模型中的概念空间对此进行解释。

一、总括副词与类同副词的语义关联现象

汉藏语中普遍存在总括副词和类同副词的语义关联现象，大致可分为语义互补、语义交叉和语义包含三类。我们所考察的 11 种汉藏语系语言包

① 本节仅关注与汉语普通话“都”相对应的总括副词和与汉语普通话“也”相对应的类同副词。

括汉语普通话，藏缅语族的彝语、载瓦语、拉祜语、羌语、白语，壮侗语族的壮语、仡佬语、仫佬语、水语，以及苗瑶语族的苗语。其中，少数民族语言语料均来自相关著述并随文标明出处。

(一)语义互补

语义互补是指两类副词的语义功能无重叠，呈现互补状态。在所考察的汉藏语中，藏缅、壮侗、苗瑶诸语族都存在总括副词和类同副词的语义互补现象。如表 1-3 所示("✓"表示有此类句式，"—"表示相关著述中未发现此类句式，下同)：

表 1-3　**语义关联类型——语义互补**

语言	语族	副词类别	副词	任指句	最小量句	"连"字句
新平彝语腊鲁话(王国旭，2011)	藏缅	总括	le^{33}	✓	✓	✓
		类同	$ȵ^{21}sɿ^{55}$	—	—	—
下坳壮语(韦茂繁，2012)	壮侗	总括	tu^{33}	✓	✓	✓
		类同	ja^{31}	—	—	—
居都仡佬语(康忠德，2009)	壮侗	总括	$ʦɿ^{33}$	✓	✓	✓
		类同	je^{55}	—	—	—
银村仫佬语(银莎格，2012)	壮侗	总括	$mən^{1}$	✓	✓	✓
		类同	ja^{6}	—	—	—
矮寨苗语(余金枝，2010)	苗瑶	总括	sa^{35}	✓	✓	✓
		类同	la^{31}	—	—	—

新平彝语腊鲁话的总括副词 le^{33} 和类同副词 $ȵ^{21}sɿ^{55}$ 语音形式不同，仅出现了总括副词 le^{33} 允准的任指句、最小量句和"连"字句。例如：

(39) a. $ni^{33}a^{21}di^{33}a^{55}kɯ^{55}le^{33}le^{33}do^{33}\ a^{33}$.

你 随　　时 都 来 可以 助

你随时都可以来。

b. ʐa^{21}na^{21}ka^{33}le^{33}ʐi^{33}n̩^{21}ko̱^{21}.
他 哪儿 都 去 没 过
他哪儿都没去过。
c. ni^{33}le^{55}ʦhu^{21}o^{33}ʐi^{33}ŋo^{33}the^{21}mo^{33}le^{55}le^{33}n̩^{21}ɕa^{33}ɕie^{55}.
你 助 除 助 连 我 一 个 助 都 不 相信
除了你，我一个都不相信。
d. lie^{21}ŋo^{33}le^{33}sæ^{55}o^{33}.
连 我 都 知道 助
连我都知道了。

（王国旭，2011：92，85，106，103）

下坳壮语的总括副词 tu^{33}和类同副词 ja^{31}不同音，仅出现了总括副词 tu^{33}允准的任指句、最小量句和“连”字句。例如：

（40）a. pu^{13}pu^{13}tu^{33}noːu^{231}raːn^{231}rəːu^{231}di^{42}.
个 个 都 说 家 我们 好
个个都说我们家乡好。
b. ka^{31}ma^{13}tu^{33}di^{42} mi^{231}.
什么 都 否定词 有
什么都没有。
c. hɯ^{42}ku^{42}ti^{33}rəːm^{13}deu^{42}kəːn^{42}, ti^{33}deu^{42}tu^{33} di^{42} mi^{231}.
给 我 点 水 一 喝 点 一 都 否定词 有
给我一点水喝，一点水都没有。
d. te^{42}lɛːn^{231}ru^{31}tu^{33}di^{42} kəːn^{42}ɕiu^{31}pei^{42}raːn^{231}.
他 连 饭 都 否定词 吃 就 回 家
他连饭都不吃就回去了。

（韦茂繁，2012：74，81，81，77）

居都仡佬语的总括副词 ʦɿ^{33}和类同副词 je^{55}不同音，仅出现了总括副词 ʦɿ^{33}允准的任指句、最小量句和“连”字句。例如：

(41) a. i^{55}ʌ^{33}ȵaŋ^{33}mĩ^{35}ʦɿ^{33}vu^{33}ko^{35}.

我 和 他 都 去 经验体助词

我和他都去过。

b. vu^{31}tɕi^{33}ʦɿ^{33} aŋ^{33} wo^{33}.

什么 都 否定词 否定助词

什么都没有。

c. ɬa^{31}ʦa^{35}pai^{33}ɯ^{55}fei^{31}i^{55}zan^{33}, ʦa^{35}pai^{33}ɯ^{55}ʦɿ^{33}aŋ^{33} wo^{33}.

拿 点 水 给 我 喝 点 水 都 否定词 否定助词

给我一点水喝，一点水都没有了。

d. bau^{31}nʐu^{55}di^{55} sɿ^{31}hou^{35}lin^{31}aɯ^{35}tɕa^{31}ʦɿ^{33}bau^{35}lo^{35}do^{31}o^{35}.

拔 草 结构助词 时候 连 苗 稻 都 拔 起来 语气助词

拔草的时候连秧苗都给拔掉了。

（康忠德，2009：88，103，112，63）

银村仫佬语的总括副词 mən^{1}和类同副词 ja^{6}不同音，仅出现了总括副词 mən^{1}允准的任指句、最小量句和“连”字句。例如：

(42) a. mɔ^{6}jaːŋ^{6}jaːŋ^{6}təu^{6}li^{4}mən^{1}tɔŋ^{3}.

他 样 样 道理 都 懂

他样样道理都懂。

b. mɔ^{6}nə^{5}naːŋ^{2}ti^{6}teŋ^{2}mən^{1} ŋ^{5} fɛ^{4}.

他 什么 事情 都 不 做

他什么事情都不做。

c. hɤəːu^{3}mɔ^{6}nə^{5}ɕø^{5}hwa^{6}mən^{1}ŋ^{5}caːŋ^{3}.

嫂子　他 一 句　话　都 不 讲

他嫂子一句话都不说。

d. ȵa^{2}ljen^{6}at^{7}naːi^{6}mən^{1}ŋ^{5}hɤɔ^{4}?

你　连 个 这　都 不 知道

你连这个都不知道？

（银莎格，2012：24，253，253-254，222-223）

矮寨苗语的总括副词 sa^{35}和类同副词 la^{31}不同音，仅出现了总括副词 sa^{35}允准的任指句、最小量句和“连”字句。例如：

(43) a. a^{53}ȵaŋ^{31}a$^{53/21}$tɕa^{35}sa^{35}ləŋ^{44}ʐa^{44}.

缀 娘 缀　　父 都　来　了

父亲和母亲都来了。

b. məŋ^{31}qo^{53}dʐɯ^{31}sa^{35}tɕu^{53}ʈhu^{22}, ȵi^{22}me^{31}?

你　缀　什么 都 不　做　　是　语气助词

你什么都没做，是吗？

c. məŋ^{31}ɕaŋ^{31}məŋ^{31}lja^{31}məŋ^{31}, a$^{44/21}$do^{35}tu^{35}sa^{35}tɕu^{53}ʂei^{35}phu^{22}.

你　实在　　像　你　一　句 话 都 不　会　说

你真是的，一句话都不会说。

d. ljɛ^{31}məŋ^{31}we^{44}sa^{35}sɯ^{44}tɕu^{53}ȵaŋ^{22}.

连　你　我 都　养　不　起

连你我都养不起。

（余金枝，2010：163，182，162，421）

（二）语义交叉

语义交叉是指两类副词的语义功能有重叠部分，呈现交叉状态。在所考察的汉藏语中，总括副词和类同副词的语义交叉现象仅出现在汉语和藏缅语中。如表 1-4 所示。

表 1-4　　　　　　　　　**语义关联类型——语义交叉**

语言	语族/语言	副词类别	副词	任指句	最小量句	“连”字句
汉语普通话	汉语	总括	都	✓	✓	✓
		类同	也	✓	✓	✓
遮放载瓦语（朱艳华，2011）	藏缅	总括	la̱ŋ^{55}	✓	✓	✓
		类同	ʒʅ^{31}	✓	✓	—

汉语普通话中的总括副词“都”和类同副词“也”均可允准任指句、最小量句和“连”字句，如例(37)所示。遮放载瓦语中出现了总括副词 la̱ŋ^{55}允准的任指句、最小量句和“连”字句，以及类同副词 ʒʅ^{31}允准的任指句和最小量句。例如：

(44) a. ʦ ɔ̆^{31} ʃaŋ^{51} la̱ŋ^{55} a^{31} pji̱n^{31} kɔn^{31}.
孩子　都　没 闲暇 管
孩子都无暇顾及。

b. ja̱ŋ^{31} kjuʔ^{55} lɔi^{55} xai$^{51/55}$ la̱ŋ^{55} a^{31} vam^{55} tai$^{51/31}$.
他　吓　什么　都 不　敢　说
他吓得什么都不敢说。

c. ŋɔ^{51} a^{31} sə$^{55/51}$ ʦa^{31} a^{31} ŋut^{55}, sǎ^{31} ʒa^{55} la̱ŋ^{55} a^{31} sə^{55}.
我 不 懂　不仅　老师　都 不 懂
不只我不懂，连老师都不懂。

d. ja̱ŋ^{31} xjɛ$^{51/55}$ ma^{55} mjaŋ^{55} mjaŋ^{55} jap^{31} tɔ$^{31/51}$, tui^{51} la̱ŋ^{55} a^{31} tui^{51}.
他　那里　久久　站 持续　动　都 不 动
他久久地站在那儿，(一)动也不动。

(45) a. ŋɔ⁵¹jɛ⁵¹pə⁵¹，jaŋ̱³¹ʒʅ³¹jɛ⁵¹pə⁵¹.

我 去 变化　他　也 去 变化

我去了，他也去了。

b. ɔ⁵⁵ʒʅ³¹sǎ³¹ʒa⁵⁵ʒʅ⁵⁵khə⁵⁵tai⁵¹kjɔ̱³¹.

谁 也 老师　宾助 别　说　给

谁也不要告诉老师。

c. ʃɔ̆³¹mau⁵⁵lǎ³¹khat⁵⁵ʒʅ³¹a³¹ju³¹ka⁵⁵.

羽毛　　一　根 也 不 长 听说

听说一根羽毛也不长。

（朱艳华，2011：161，58，209，154，162，58，415）

（三）语义包含

语义包含是指两类副词以相同的语音形式或以一个词的形式呈现，表层形式上可看作一类词的语义功能包含了另一类词的语义功能或一个词包含了两种语义功能①。在所考察的汉藏语中，总括副词和类同副词的语义包含现象仅出现在藏缅语和壮侗语中。如表 1-5 所示：

表 1-5　　**语义关联类型——语义包含**

语言	语族	副词类别	副词	任指句	最小量句	“连”字句
邦朵拉祜语(李春风，2012)	藏缅	总括/类同	ka^{31}	✓	✓	✓
萝卜寨羌语(王保锋，2017)	藏缅	总括/类同	$nə^{31}$	✓	✓	—
赵庄白语(赵燕珍，2009)	藏缅	总括/类同	$ȵi^{55}$	✓	✓	✓
苗草水语(韦学纯，2011)	壮侗	总括/类同	pu^{33}	✓	—	✓

邦朵拉祜语中的 ka^{31} 既可表总括义，也可表类同义，且可允准任指句、

① 邦朵拉祜语、萝卜寨羌语、赵庄白语、苗草水语中的总括副词和类同副词是同音形式，无法确定是否为同形。所以，这两类词可能是同音词，也可能是同一个词。

最小量句和“连”字句。例如：

(46) a. tɕhi^{33}ɤu^{53}sɿ^{11}te^{53}qhɔ̠^{31}le^{33}ka^{31}jɔ^{53}tɕhi^{33}ve^{33}ti^{35}te^{33}ta^{11}ve^{33}.

这　以前　每年　都 她 这个　仅 做 着 的

往年都是她做这个的。

b. ŋa^{31}ka^{31}li̠^{31}xe^{53}qe^{33}tu^{31}.

我 也 读书　去 要

我也要去读书。

c. jɔ^{53}a^{33}tho̠^{31}ma^{33}ka^{31}tɕa^{53}ma^{53}ga^{31}.

他　什么　都 吃　不 下

他什么都吃不下。

d. ŋa^{31}tɕɛ^{33}ti^{35}ma^{53}ɕi^{11}ma^{53}xe̠^{53}，ɕa^{11}la^{31}ka^{31}ma^{53}ɕi^{11}ɕe^{31}.

我 只　不 懂 不　是　老师　也　不 懂　语气

不只我不懂，连老师都不懂。

e. phu^{33}a^{33}tɕi^{35}ka^{31}ma^{53}ʦɔ^{31}o^{31}.

钱　一点 也　没有　了

一点钱都没有了。

（李春风，2012：513，163，77，182，92）

萝卜寨羌语中的 nə^{31}既可表总括义，也可表类同义，可允准任指句和最小量句。例如：

(47) a. bo^{55}-je^{55} ɳ̊ɑ^{55}　be^{31}-je^{55} ki^{55}ji^{55}ɑ^{31}tɕi^{55}nə^{31}mɑ^{31}-tye^{31}.

高-名物化并列连接 矮-名物化如此 全部　都 否定-好

高的和矮的一样全都不好。

b. li^{31}əɹ^{31}pəi^{55}pəi^{55}-to^{55}qɑ^{31}tɑ^{55}po^{55}-sɑ^{31}-u，

梨儿　花-受事标记　我 喜欢-状态变化：第一人称单数-亲见

phin^{31}ko^{5}pəi^{55}pəi^{55}-to^{55}-nə^{31}　　　qɑ^{31}nə^{31}tɑ^{55}po^{55}-sɑ^{31}-u.

苹果　花-受事标记-语调单位尾助词 我 也 喜欢-状态变化：第一人称单数-亲见

梨花我喜欢，苹果花呢我也喜欢。

c. thə^{31}-mu^{55}　　sɑ^{55}-to^{55}　　nə^{31}mɑ^{31}-qo^{31}.

他/她-话题标记 谁-受事标记都　否定-怕

他/她谁也不怕。

d. thə^{31}　ɑ^{31}ȵɑ^{31}qɑ^{31}nə^{31}　mɑ^{55}-phi^{31}-thɑ^{55}-u.

他/她 一点儿　　都　否定-慢-辅助词-亲见

他/她一点儿都不慢。

（王保锋，2017：110，78，65，172）

赵庄白语中的 ȵi^{55}既可表总括义，也可表类同义，可允准任指句、最小量句和“连”字句。例如：

(48) a. mi^{44}phi^{33}a^{44}　　ka^{44}tɕi^{33}a^{44}　　ȵi^{55}xɔ^{33}pɛ^{35}lɔ^{42}.

太阳　类称后缀 把 田 类称后缀 都　晒 裂 了

太阳把田都晒裂了。

b. nɯ^{33}kɛ^{35} ka^{44}　a^{33}ȵi^{55}ʦɯ^{33}ȵi^{21}kɛ^{35},

这　间　尝试体 看 也 有　人

na^{55}kɛ^{35} ka^{44}　a^{33}ȵi^{55}ʦɯ^{33}ȵi^{21}kɛ^{35}.

那 间 尝试体　看 也 有　人

看看这间也有人，看看那间也有人。

c. kɛ^{55}ʦɿ^{55}ɕua^{44}lɯ^{44}　　a^{55}ʐa^{33}ȵi^{55}kɛ^{44}tɔ^{33}.

今年　　　话题标记 什么　都 贵

今年什么都贵。

d. a^{44}ȵi^{21}ȵi^{55}zɯ^{44}ʦo^{21}　　mu^{33}.

一个　都 认 否定前缀 不

一个都不承认。

e. a^{55}ta^{44}ɕɔ^{44}vɯ^{42}ȵi^{55}tɕhɛ^{55}thv^{55}tuo^{33}na^{21}mɛ^{55}.

这里 小文　都　听　懂 不得 还 语气词

连小文都听不懂呢。

（赵燕珍，2009：117，142，232，179，66）

苗草水语中的 pu^{33} 即可表总括义，也可表类同义，可允准任指句和“连”字句。例如：

(49) a. man^{11}kam^{33}ȵə^{3}pu^{33}khau^{55}ɗai^{33}kau^{33}ʦuŋ^{33}ljeu^{53}.

他　和　你　都 考上了　　高中　　了

你和他都考上了高中。

b. qe^{0}laːk^{31}ti^{33}qo^{33}me^{31ʔ} ȵe^{33}ha^{11}, pu^{33}me^{31}naːu^{11}ha^{11}.

小孩　　就 不　哭　了　也　不　闹　了

娃崽不哭不闹了。

c. man^{11}ni^{53}maŋ^{31}pu^{33}me^{31ʔ} aːu^{11}.

他　什么　都 不　要

他什么都不要。

d. ȵə^{31}ljen^{53}man^{11}pu^{33}me^{31}ȵaːi^{35}fan^{31}a^{55}?

你　连　他　都　没　听　说 吗

你连他都没听说过吗？

（韦学纯，2011：294，389，282，292）

如上所述，按照语义的明晰原则，两类副词的语义功能应呈现互补状态，各司其职，互不干扰(见图 1-1)。但根据对部分汉藏语系语言的考察，总括副词与类同副词的语义功能还呈现出语义交叉(见图 1-2)和语义包含(见图 1-3)关系。

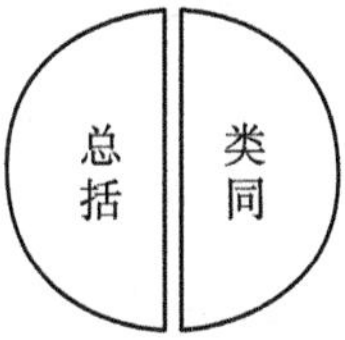

图 1-1　语义互补

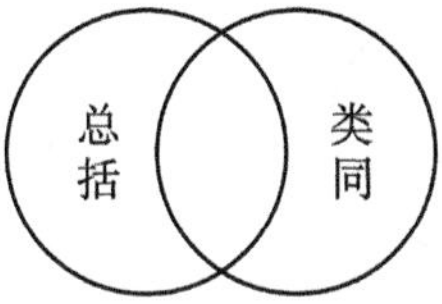

图 1-2　语义交叉

图 1-3　语义包含

二、语义关联现象的解释

为何两类副词会呈现出三种不同的语义关联类型？我们接下来尝试对其进行解释。总括副词强调作用域集合内的所有元素均具有谓词的特征，类同副词则强调作用域集合内元素之间具有相同的谓词特征。两类副词作用域集合内的元素可分为两类，即作用域内元素无序与作用域内元素有序。前者指元素之间无序列关系，后者指元素之间具有某种序列关系。

（一）作用域内元素无序与任指功能

当总括副词和类同副词作用域内元素无序时，其作用域集合内元素之间无序列关系。如集合 A：{a、b、c、d}，且$\mathscr{P}(P(a))=\mathscr{P}(P(b))=\mathscr{P}(P(c))=\mathscr{P}(P(d))$（$\mathscr{P}$表示概率函数，下同），该集合中的 4 个元素就特征 P 而言是无序列关系，即各元素在具有特征 P 上呈无等级排列关系。以汉语普通话为例，总括副词“都”的作用域内元素无序的语义图可用图 1-4 表示，语义解读为“a、b、c 和 d 均具有特征 P”；类同副词“也”的作用域内元素无序的语义图可用图 1-5 表示，语义解读为“a 具有特征 P，b、c、d 也具有特征 P”。虽然图 1-4 和图 1-5 的最终解读均为“a、b、c、d 具有了特征 P”，但二者的完成过程却不同。

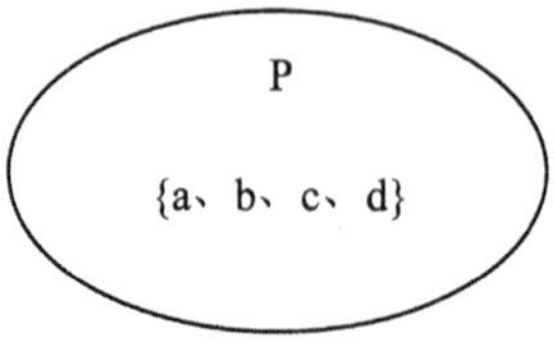

图 1-4　“都”的语义

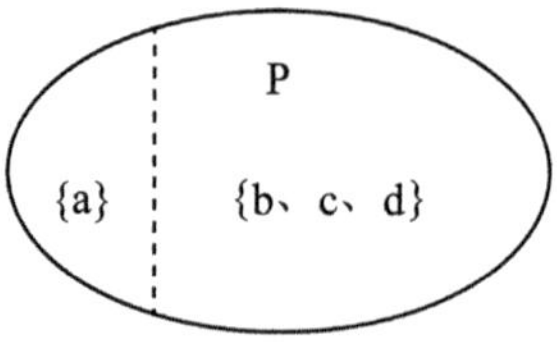

图 1-5　“也”的语义

Langacker(1987：248-249)曾就事件过程的注意力方面作过研究，认为心智扫描能力是一种自动出现在不同域中的认知加工，包括总括扫描和次第扫描。前者指对一个事件从宏观上作出整体扫描，扫描结束后，事件的各方面信息被整合起来，侧重于扫描的整体效果；后者指依照一定的顺序对事件进行扫描，信息按事件的各个连续阶段进行整合，侧重扫描的过程和可感知事件在各个阶段的变化。“都”的语义扫描方式可归为总括扫描，“也”的语义扫描方式可归为次第扫描(袁毓林，2004)。两种扫描方式的过程虽不同，但最终均使作用域内的元素具有了特征 P，达到了任指解读的目的。在汉语普通话中，“都”和“也”均能允准任指句，如例(37a)。

(二)作用域内元素有序与极端功能

当总括副词和类同副词作用域内元素有序时，其作用域集合内元素之间存在某种序列关系。如集合 B：{a、b、c、d}，且$\mathcal{P}$(P(a))>$\mathcal{P}$(P(b))>$\mathcal{P}$(P(c))>$\mathcal{P}$(P(d))，该集合中的 4 个元素就特征 P 而言存在一种序列关系，即各元素在具有特征 P 的可能性上存在等级排列关系。也就是说，a 具有特征 P 的可能性最大，其次是 b 和 c，d 具有特征 P 的可能性最小。

Fauconnier(1975a，1975b)提出“语用尺度(pragmatic scale)”概念，认为语用尺度 S 可以关联命题 R(x)，即所谓的“尺度原理(scale principle)”。如果语义尺度 S 上的 x_1 的位置低于 x_2 的位置，那么 R(x_1) 就蕴涵 R(x_2)。由此推论出，如果 R 对 S 的最低元素 α 是适用的，那么它就适用于 S 的所有元素，即 R(α) → ∀xR(x)。比如，集合 B 中，d 具有特征 P 的可能性最低。如果 d 具有了特征 P，就可以推理出 a、b、c 均具有了特征 P。同样，a 具有特征 P 的可能性最高。如果 a 不具有特征 P，就可推理出 b、c、d 均不具有特征 P。也就是说，肯定有序作用域内的极端下项，就会肯定全域；否定有序作用域内的极端上项，就会否定全域。

以汉语普通话为例，总括副词“都”和类同副词“也”所出现的最小量句和“连”字句中的最小量短语以及“连”字短语均属于语用尺度的极端项。最小量句中的最小量短语“一 +量 + 名”处于极端上项，即具有特征 P 的可能性最大，对其进行否定，也就否定了全域，如例(37b)。“连”字句中的“连 + 名”短语在特征 P 的语用尺度上占据极端上项或极端下项。若占据极端上项，“连”字结构应使用否定句式来否定全域，如例(50)；若占据极端下项，“连”字结构应使用肯定句式来肯定全域，如例(37c)。

(50)连张三都/也不同意。

(三)总括副词与类同副词的概念空间构型

语义地图模型是一种建立在跨语言比较基础上的、考察多功能形式关联的工具，其理论假设人类语言存在一个共同的概念空间，在这个概念空间中，不同的概念或功能分布于不同的区域，相邻的概念或功能之间有直接的关联，不相邻的概念或功能之间没有直接关联，即“邻接性原则”。概念空间的构型和邻接性原则可推导出一系列蕴涵共性。假定一个包含 4 个功能的概念空间，如图 1-6。根据邻接性原则，图 1-6 中的多功能语素 X 具有 A、B、C、D 四个功能，该概念空间可预测 X 具有多种多功能模式，比如：[AD][DC][CB][BA][ADC][DCB][CBA][BAD][ADCB]，唯独不存在[AC]和[BD]两种功能模式，因为 A 和 C、B 和 D 不符合邻接性原则(吴福祥，2014)。据前文提及的任指功能和极端功能，可将总括副词和类同副词的概念空间构型表示为图 1-7。

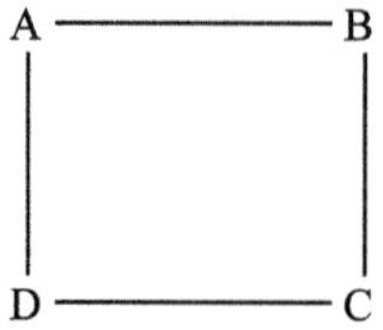

图 1-6　“X”的概念空间构型

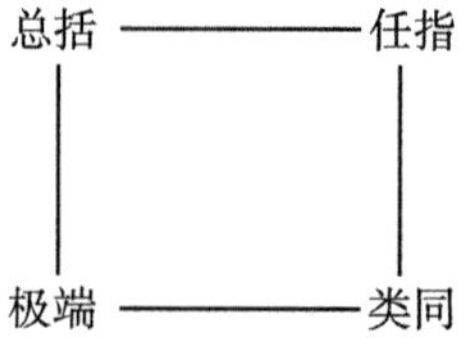

图 1-7　总括副词和类同副词的概念空间构型

在图 1-7 中，根据邻接性原则，可以预测出总括副词和类同副词可能具有以下功能模式。单功能模式：[总括][极端][类同][任指]；多功能模式：[总括、极端][总括、任指][极端、类同][类同、任指][总括、极端、类同][极端、类同、任指][类同、任指、总括][任指、总括、极端][总括、任指、类同、极端]。但是，不存在[总括、类同]和[极端、任指]的多功能模式，因为两者不相邻。

总括副词和类同副词的概念空间构型可以解释这两类副词之间的语义关联是通过极端功能和任指功能来连接的。图 1-1～图 1-3 所列出的总括副词和类同副词的三种语义关联类型也就可以得到解释。

总括副词和类同副词语义互补：该类语言中的类同副词不能允准任指和极端功能，这也就使总括副词与类同副词不能通过任指或极端功能产生关联。如表 1-3 中新平彝语腊鲁话 le^{33}、下坳壮语 tu^{33}、居都仡佬语 ʦɿ^{33}、银村仫佬语 mən^{1}、矮寨苗语 sa^{35}为总括副词，均具有允准任指、极端的功能，其功能模式可表示为[任指、总括、极端]；而这些语言中的类同副词仅具类同义，其功能模式可表示为[类同]。这些语言的总括副词和类同副词语义功能无交叉，呈现互补状态。

总括副词和类同副词语义交叉：该类语言中的总括副词和类同副词均能允准任指和极端功能，这使两类副词通过任指和极端功能产生了关联。如表 1-4 中汉语普通话的“都”和遮放载瓦语 la̱ŋ^{55}为总括副词，均可允准任指、极端的功能，其功能模式可表示为[任指、总括、极端]；汉语普通话的“也”和遮放载瓦语的 ʒɿ^{31}为类同副词，均可允准任指、极端的功能，其功能模式可表示为[极端、类同、任指]。这两种语言的总括副词和类同副词在允准任指和极端功能上有交叉，呈现交叉状态。

总括副词和类同副词语义包含：该类语言中的总括副词和类同副词以同音形式或以同一个词的形式呈现，表层形式上可允准任指和极端功能。如表 1-5 中邦朵拉祜语 ka^{31}、萝卜寨羌语 $nə^{31}$、赵庄白语 $ȵi^{55}$、苗草水语 pu^{33}均具有总括义和类同义，且可允准任指、极端功能，其功能模式可表示为[总括、任指、类同、极端]。这些语言的总括副词与类同副词同音，也可能在词库层面已达成统一，其语义功能也连成一体，形成闭环，呈现包含状态。

三、结语

本节研究缘起于汉语普通话总括副词"都"与类同副词"也"的语义关联，后考察了汉藏语总括副词和类同副词的三种语义关联类型，最终落脚于解释这三种语义关联类型存在的合理性。在所考察的 11 种汉藏语中，总括副词和类同副词在允准任指功能(任指句)和极端功能(最小量句、"连"字句)方面呈现出了语义互补、语义交叉和语义包含三种语义关联类型。这三种语义关联类型在通过语义地图模型中的邻接性原则对总括、极端、类同、任指四种功能进行概念空间构型后，得到了相应的功能模式，即：总括副词和类同副词语义互补的功能模式为[任指、总括、极端]和[类同]；总括副词和类同副词语义交叉的功能模式为[任指、总括、极端]和[极端、类同、任指]；总括副词和类同副词语义包含的功能模式为[总括、任指、类同、极端]。总括副词与类同副词的三种语义关联类型是否适用于更多类型的语言，还有待进一步考察和研究。

第四节 本章结语

我们认为，现代汉语疑问词的研究对象不应局限于只对疑问词进行剖析，更多的工作应该聚焦于与疑问词相关的算子及句法环境的研究，因为现代汉语疑问词的语义解读不是孤立的，而是与其受约算子及所处句法环境有着密切的关系。我们在本章就遵循这个思路，对多项疑问句中的疑问词及“都”的关联、任指句中的疑问词及“都”的关联、汉藏语总括副词和类同副词在任指句及相关句式中的语义关联问题进行了分析，得出句子中的现代汉语疑问词可表疑问解读、存在解读、全称解读或其他解读的关键在于约束它的算子及其所处句法环境的类别。

现代汉语疑问词的语义解读类型多，厘清各疑问词语义解读的共性和个性，有着极大的应用价值。另外，“都”作为现代汉语中典型的总括副词（全称量化词），研究其关联、约束疑问词的次序及规则也有一定的实际价值，比如在语言信息处理和第二语言教学领域。在接下来的章节中，我们将分别就语言信息处理和第二语言教学领域有关疑问词的识别和习得问题进行一一分析，尝试给出常见疑问词的语义识别模型和二语教学策略。

第二章　面向语言信息处理的现代汉语疑问词研究

与英语相比，现代汉语疑问词较为特殊，其语义解读会随句法环境的变化而变化，此类句法环境错综复杂，若要厘清，并非易事。朱德熙(1982：89)将疑问词的用法分为疑问用法和非疑问用法，非疑问用法有两种：一是表示周遍性，即表示在所涉及的范围之内没有例外，伴有“都、也”之类副词；二是指称不知道或者说不出来的人、事物、处所、时间等。吕叔湘(1999：15)将疑问词(不定指指代词)的用法总结为三种：疑问、虚指、泛指。张斌(2010：191)又将疑问词的非疑问用法分为任指、虚指和不定指。前人总结的疑问词的语义解读大同小异，大致可分为三种：疑问、虚指和任指。现代汉语疑问词的语义解读呈现多样性，且词汇形态一致，这就给自然语言处理带来了诸多难题，首当其冲就是语义识别的问题。

在现代汉语疑问词的机器翻译中，长期存在双语对译准确率不高的问题，归结到语言信息处理上，这一问题属于词义排歧(Word Sense Disambiguation，WSD)方面的问题，也就是说，现代汉语疑问词的词义排歧模型构建尚存改进之处。词义排歧是自然语言计算机处理的一个难题，排歧工作涉及上下文因素、语义因素、语境因素，甚至涉及日常生活中的常识。(冯志伟，2004)词义排歧的方法有多种，如基于词典的词义排歧方法(李涓子等，1999)等。

现代汉语疑问词的语义复杂，尤其是多重句法环境下的疑问词解读，机器对其的语义识别能力仍处于初级阶段。我们拟采用有指导的学习方法

(Supervised Learning Approaches)中的决策表分类法(decision list classifiers)来处理汉语疑问词的词义排歧工作，也就是根据共现词的等价类的不同制定决策表，然后利用这个决策表输入目标项，确定其最佳的词义(冯志伟，2004)。

接下来，我们分别选取具有代表性的现代汉语疑问词“什么”“怎么”“多少”作为研究对象，来探讨其在机器翻译方面所存在的语义识别问题。

第一节　“什么”的语义识别

现代汉语疑问词“什么”作为最常用的疑问词之一，其语义解读最多。邵敬敏(1996)曾将其用法分为全指性、例指性、承指性、借指性、虚指性、否定性、反诘性、独用性八种。在邵文中，每一种用法均指代了“什么”的一种语义，且往往分处不同的句法环境。按照我们的分析，这八种用法可以适当作一些合并，比如否定性和反诘性可以统一处理为否定解读，借指性和虚指性可以统一处理为表虚指，即存在解读。纵然对邵文中的“什么”的八种用法进行合并归类后，其所剩语义也足以给语言信息处理领域带来语义识别的难题，具体表现在疑问词的机器翻译之中。

鉴于现代汉语疑问词“什么”的多义性排歧工作复杂性，我们尝试通过相关理论假设，来总结它的三种主要解读所处的句法环境，然后测试总结这三种解读在复杂句法环境中，何种解读是强势解读，以及该强势解读胜出的原因，以此来构建一个自上而下(top-down)的语义识别策略——基于规则的“什么”的语义识别模型，从而为决策表的制定提供依据。接着通过实验来验证这一决策表，根据实验结果再来改进这一识别模型和决策表。

一、理论假设

传统语法学家认为现代汉语疑问词表疑问、虚指和任指的三种用法是疑问词本身具有的，与其所处的句法环境无关。而形式学派则把疑问词看作自由变量(free variable)，其表现为何种解读取决于约束它的算子

(operator)。当被隐性疑问算子 Q① 约束时，表现为疑问解读(疑问)；当被存在算子约束时，表现为存在解读(虚指)；当被全称类算子约束时，表现为全称解读(全称)(Cheng, 1991: 123)。以“什么”为例，即：

(1)a. 他借了什么书？
b. 他没借什么书。
c. 他什么书都没借。

例(1a)中疑问词短语“什么书”受隐性疑问算子 Q 约束，表疑问解读；例(1b)中“什么书”被否定词“没”统制(c-command)②，表存在解读(Li, 1992)；例(1c)中“什么书”被全称量化词“都”约束，表全称解读。(1)中各句子只受单一算子约束，故其解读尚不复杂。接下来，根据这一理论假设，我们从内涵的视角来总结影响“什么”语义解读的句法环境的特征。

二、影响“什么”语义解读的句法环境的特征

(一)“什么”表全称解读

一般认为，“什么”在量化词“都”和“全”以及类同算子“也”前时，表全称解读。如：

(2)a. 附近什么都有。
b. 看什么全是倒的。
c. 什么也没有了。

① 按照 Huang(1982)的分析，隐性疑问算子 Q 是通过疑问词在逻辑层面(LF)上的移位获得的。

② 统制是生成语法学中的专有名词。句法树中，当 A 节点和 B 节点互不支配(dominate)时，且支配 A 节点的第一个最大投射(maximal projection)也支配 B 节点，那么，A 节点就统制 B 节点。从句子语序上看，一般处于被统制成分前。

例(2a)和例(2b)中的"什么"处于量化词"都"和"全"之前，被其关联约束①，表全称解读，其语义相当于"任何""所有"，这是该类算子赋予"什么"的量化能力(quantificational force)(张蕾等，2012)。例(2c)中的"什么"处于类同算子"也"之前，同样被其关联约束，表全称解读。类同算子"也"的功能是加合，即将各项进行相加得到全称解读，故也可归为全称类算子。值得注意的是，当疑问词"什么"在"都"前时，并非全表全称解读。只有当"都"关联约束"什么"时，才表全称解读，如(下画线表示"都"关联的成分)：

(3)a. 什么书他们都借了？
b. 什么书他们都借了。

例(3a)中"都"关联约束"他们"，而未关联约束"什么书"，其仍表疑问解读，意思是"有哪些书是他们都借过的"，即询求"他们"所借之书的交集。例(3b)中"都"关联约束"什么书"，使其表全称解读，意思是"他们借了所有的书"。全称量化词"都"一般要求其关联项为复数形式，当句中存在两个复数形式的词项可作关联项时，"都"均有可能关联二者之一，这与"都"的关联次序和约束规则有关。按照牛长伟和程邦雄(2015)的分析，"都"的关联次序和约束规则可表述如下：

■"都"的关联次序：

①当"都"非重读时，"都"左向优先关联疑问词，其次关联复数性非疑问成分；

②当"都"重读时，"都"左向关联距其最近的复数性非疑问成分；

③当距"都"最近的左向关联项同时也是移位关联项时，不论"都"重读与否，均只关联该关联项。

① 关联和约束是形式语义学中常用概念，"关联"与传统语法中的"指向"相似。算子约束的项一定是关联项，但算子的关联项并不一定会被算子约束，也可能是约束该关联项引出的变量。详见潘海华(2006)。

■“都”的约束规则：

①当“都”左向关联时，“都”同时约束其左向关联项；

②当“都”右向关联时，“都”约束其右向关联项所引出的焦点变量。

例(3a)中“都”倾向于重读，故左向关联距其最近的复数性非疑问成分“他们”，并约束“他们”，使得“什么书”免于“都”的关联约束，呈现疑问解读。例(3b)中“都”倾向于非重读，故左向优先关联疑问词“什么书”，并约束“什么书”，使其呈现全称解读。而“全”和“也”前的“什么”并无此现象。至此可得出，现代汉语疑问词“什么”被全称类算子关联约束时，该类算子赋予其全称量化能力。

(二)“什么”表存在解读

一般认为，被否定词统制、处于真值(truth value)不确定环境或疑问环境中的“什么”表存在解读，如：

(4)a. 我没什么事。

b. 我哪有什么汇款。

c. 他好像突然明白了什么。

d. 如果我借了什么好书，一定告诉你。

e. 他借了什么书吗?

例(4a)中“什么事”被否定词“没”统制，表存在解读；例(4b)为反问句，也是一种隐性的否定环境，“什么”同样表存在解读；例(4c)中“什么”处于非事实动词(non-factive verb)(Huang，1982：423)“好像”的辖域内，也处于真值不确定环境中，表存在解读；例(4d)为条件复句，复句前件中的“如果”使“什么”处于真值不确定环境中，同样也表存在解读(Lin，1996/1998)；例(4e)为是非问句，“什么”处于疑问环境中，表存在解读。至此可得出，疑问词“什么”处于否定性环境、真值不确定环境和疑问环境中时，表存在解读。

值得注意的是，例(4a)中“什么”也有表全称解读之嫌，即“我任何事也没有”。Lin(1998)曾就这一现象进行过探讨，将其称为极性存在量化(Existential Polarity WH-Phrases)。简言之，此时的变量“什么”先表存在“some”，然后通过否定使其表全称“any”，其推导过程可借助逻辑等价式“$\neg \exists x \Psi(x) \Leftrightarrow \forall x \neg \Psi(x)$”(蒋严、潘海华，2005：35)来解释，即否定的存在等价于全称的否定。将其代入例(4a)，“我没什么事”中“什么”先表存在，即“我没(some)事”，然后否定符号后移，使“什么”表全称，即“我(any)事没有”。

(三)“什么”表疑问解读

“什么”受隐性疑问算子 Q 约束或处于[+WH]类动词辖域内时，表疑问解读。如：

(5)a. 你借了什么书？

b. 他问我借了什么书。

例(5a)中“什么书”受隐性疑问算子 Q 约束，表疑问解读；例(5b)中“什么书”处于[+WH]类动词(Huang，1982：254-258)“问”的辖域内，也表疑问解读。疑问算子 Q 包括疑问词在逻辑层面的移动所产生的隐性疑问算子 Q 和显性疑问算子句末语气词“吗”(牛长伟，2015)。[+WH]类动词(如“问、想知道”)要求在其辖域内必须出现疑问环境，这样的疑问环境包括是非问句、正反问句、选择问句和特指问句。一般来说，当[+WH]类动词辖域内出现“什么”时，其常表疑问解读，此时的疑问环境即为特指问句。当然，若[+WH]类动词辖域内出现“什么”，且同时出现了其他疑问环境，此时“什么”则不表疑问解读，因为此时[+WH]类动词所要求的疑问环境已被其他疑问环境所满足，如是非问，详见表2-2中的例句③。至此可得出，现代汉语疑问词“什么”被隐性疑问算子 Q 约束或处于[+WH]类动词的辖域内时，表疑问解读。

(四)小结

通过以上三个部分的分析，我们来总结一下影响“什么”语义解读的句法环境的特征，如表2-1所示：

表2-1　　影响“什么”语义解读的句法环境的特征

“什么”的解读类型	“什么”所处的句法环境	特　征
疑问解读	疑问词逻辑层面的移动	隐性疑问算子Q约束
	“问”“想知道”	[+WH]类动词辖域内
存在解读	否定词统制、反问句内	否定性环境内
	“如果”类连词、非事实类动词	真值不确定环境内
	是非问句内、正反问句内	疑问环境内
全称解读	“都”“全”也”约束	全称类算子约束

三、“什么”的语义识别模型

根据表2-1，影响“什么”语义解读的句法环境有12种之多，在这些句法环境中，其解读呈现多样性。然而这仅是“什么”在单一句法环境中呈现出的解读，若要构建基于规则的“什么”的语义识别模型，还需使其处于复杂句法环境中来判定其解读，这样才能得出制约“什么”语义解读的句法环境的优先等级。

(一)“什么”在复杂句法环境中的语义解读

表2-1将这12种句法环境分成6大类，分别是：①隐性疑问算子Q，②[+WH]类动词辖域，③否定性环境，④真值不确定环境，⑤疑问环境，⑥全称类算子。其中，否定性环境包括否定词统制和反问句，真值不确定环境包括“如果”类连词和非事实类动词，疑问环境包括是非问句和正反问句，全称类算子约束包括被“都”“全”“也”约束。另外，隐性疑问算子Q

约束的疑问词即常见的特指问句，并无显性的句法标记，也就无须将其引入复杂句法环境中。

接下来，将剩余的 5 大类句法环境两两组合，然后来判定“什么”的语义解读。测试语句如表 2-2 所示。

表 2-2　**复杂句法环境下“什么”的语义解读①**

序号	“什么”所处的复杂句法环境	测试语句	语义解读
①	[+WH]类动词辖域+否定性环境	我[想知道]$_{+WH}$你[没]$_{Neg.}$借什么书。	疑问
②	[+WH]类动词辖域+真值不确定环境	我[想知道]$_{+WH}$你[计划]$_{Non\text{-}factive}$借点什么书。	疑问
③	[+WH]类动词辖域+疑问环境	我[想知道]$_{+WH}$你借了什么书[吗]$_{WH}$。	存在
④	否定性环境+真值不确定环境	他[没]$_{Neg.}$[计划]$_{Non\text{-}factive}$借什么书。②	存在
⑤	否定性环境+疑问环境	他[没]$_{Neg.}$借什么书[吗]$_{WH}$?	存在
⑥	真值不确定环境+疑问环境	他[计划]$_{Non\text{-}factive}$借点什么书[吗]$_{WH}$?	存在
⑦	[+WH]类动词辖域+全称类算子	*我[想知道]$_{+WH}$你什么书[都]$_{Universal}$借了。	*
⑧	否定性环境+全称类算子	他[没有]$_{Neg.}$什么书[都]$_{Universal}$借。	全称
⑨	真值不确定环境+全称类算子	他[计划]$_{Non\text{-}factive}$什么书[都]$_{Universal}$借。	全称

① [x]$_{+WH}$表[+WH]类动词，[x]$_{Neg.}$表否定词，[x]$_{WH}$表显性疑问算子，[x]$_{Non\text{-}factive}$表非事实动词，[x]$_{Universal}$表全称算子。

② 此处“什么书”表存在解读，即“某些书”；由于否定词“没”的统制，使之表现出了全称否定，即“$\neg \exists x\Psi(x) \Leftrightarrow \forall x \neg \Psi(x)$”。

续表

序号	“什么”所处的复杂句法环境	测试语句	语义解读
⑩	疑问环境+全称类算子	他什么书[都]$_{Universal}$借了[吗]$_{WH}$?	全称

如表 2-2 所示，“什么”表疑问解读的复杂句法环境包括①和②。由于[+WH]类动词需在其辖域内含疑问环境，此时句子若要合格，“什么”必须表疑问。那么，此时“什么”的疑问解读是强势解读。

“什么”表存在解读的复杂句法环境包括③、④、⑤和⑥。③中的[+WH]类动词需在其辖域内含疑问环境，而此时显性疑问算子“吗”表明子句为是非问句，已符合这类动词的要求，故“什么”也就无需再表疑问。而由于“什么”处于疑问环境中，故表存在解读。④、⑤、⑥的句法环境是“什么”表存在解读所处句法环境的叠加，故仍表存在解读。在这四类环境中，“什么”的存在解读是强势解读。

“什么”表全称解读的复杂句法环境包括⑧、⑨和⑩。在这三类环境中，“什么”无条件地被全称量化算子“都”约束，表全称解读。也就是说，此时“什么”的全称解读是强势解读。

值得注意的是，⑦的测试语句不合格。这也说明了全称量化词“都”的约束行为先于[+WH]类动词的疑问环境需求。[+WH]类动词需在其辖域内含疑问环境，而此时“什么”却优先被“都”约束表全称解读，[+WH]类动词因在其辖域内获取不到疑问环境，致使句子不合格。

由上可知，“什么”一旦被全称类算子约束后，不管其所处句法环境有多么复杂，其总是优先表全称解读。其次，才是存在解读。最后是疑问解读。

(二)基于规则的“什么”的语义识别模型

基于上文的分析，大致可以勾勒出“什么”的语义识别模型，即图 2-1(见下页)。

如图 2-1 所示，当句中“什么”被全称类算子(“都、全、也”)约束时，则表全称解读；若没被此类算子约束，再看其是否处于[+WH]类动词的辖域内。若处于此类动词的辖域内，则需再看该辖域内是否已具备疑问环境（“是非问句、正反问句”）。若具备，“什么”则表存在解读；若不具备，则表疑问解读。接着，若“什么”不在[+WH]类动词的辖域内，则需再看其是否处于否定性、真值不确定环境或疑问环境中。若是，则表存在解读；若不是，则表疑问解读。

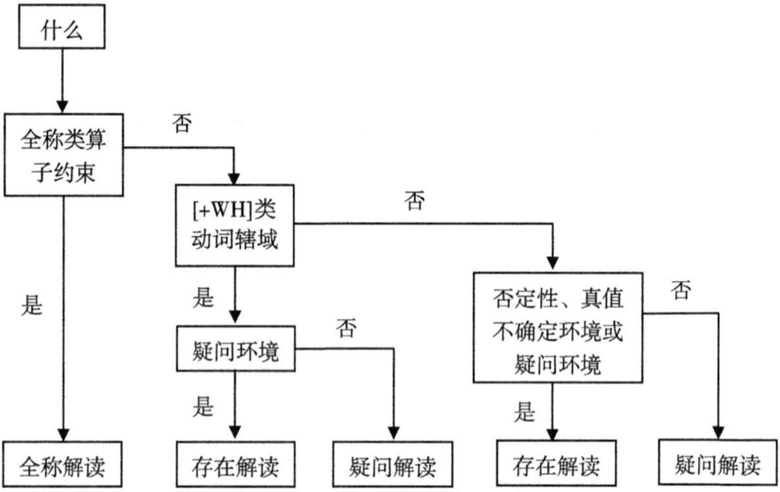

图 2-1　基于规则的“什么”的语义识别模型

图 2-1 的语义识别模型是一个基于规则的框架，若要验证其合理性，还需要建立相关的词库，确定各句法环境的区分条件，才能测试相关语料。

（三）相关词库的建立

图 2-1 所示的语义识别模型需要建立三个词库，即[+WH]类动词词库、非事实类动词词库和“如果”类连词词库。建立词库后，会方便人工或机器作出判断。

汉语中[+WH]类动词不多，包括其辖域内必须嵌套疑问环境的“想知道、问、疑惑”等，以及辖域内可以嵌套疑问环境的“清楚、明白、知道、想象、懂”等。

非事实类动词较多，包括“试、打算、主张、保证、愁、盼望、企图、争取、幻想、梦想、设法、提议、有意、愿、尝试、倡议、鼓吹、假装、力图、拟、乞求、妄图、妄想、向往、欲、预计、该、计划、决定、可能、可以、能、能够、要求、应该、必须、觉得、认为、希望、以为、感到、感觉、估计、鼓励、建议、猜、猜想、怀疑、料、疑心、猜测、假定、恳求、期待、期望、深信、推测、推算、宣称、预言、预测、指望、怕、害怕、像、仿佛”等。

“如果”类连词是连接条件性复句的连词，包括“如果、只有、只要、除非、假设、假如、假若、倘、要是、要、若、如若、即使、就是、就算、纵然、哪怕、即便、纵使”等。

(四)“什么”所处句法环境的区分条件

词库建立后，可以快速识别出[+WH]类动词、非事实类动词和“如果”类连词，据表 2-1 即可确定“什么”的语义解读。然而，表 2-1 中仍有“约束、统制、辖域、环境”等抽象概念，不利于人工或机器识别。此时，根据这些抽象概念在汉语语序上的常规分布，总结“什么”所处句法环境的显性区分条件就显得尤为重要。需要注意的是，这些区分条件不等价于表 2-1 所述的句法环境的内涵特征，只是内涵特征的外在常规表现。这些区分条件如下：

否定性环境：①“什么”被否定词“不、没、没有、未”等统制，统制成分一般处于被统制成分之前，故“什么”前出现否定词极大可能处于否定性环境中；②“什么”在反问句中，反问句常有“难道、哪有、哪里”等词语标识。

真值不确定环境：“什么”出现在非事实类动词或“如果”类连词的辖域内，辖域一般在管辖成分之后。故“什么”前有非事实类动词或“如果”类连词极大可能处于真值不确定环境中。

疑问环境：①“什么”在是非问句中，“吗”是此类问句标志；②“什么”在正反问句中，“V+否定词+V”是此类问句标志。也就是说，含“吗”或“V+否定词+V”的句子就是所谓的疑问环境。

全称类算子约束：被约束成分一般在全称类算子之前。也就是说，“什么”处在“都、全、也”之前时，极大可能就被这些算子约束。

四、“什么”词义排歧决策表的制定及验证

（一）“什么”词义排歧决策表的制定

我们将“什么”词义排歧决策表的缺省值设定为“疑问”，根据图 2-1 和前文中的区分条件，疑问词“什么”词义排歧的决策表如下：

表 2-3　　“什么”词义排歧的决策表

句法环境	规　　则	语义解读
全称类算子约束	出现在全称类算子之前	全称
[+WH]类动词辖域	[+WH]类动词之后，且与“吗”“V+否定词+V”共现	存在
	[+WH]类动词之后，且不与“吗”“V+否定词+V”共现	疑问
否定性、真值不确定环境或疑问环境	①出现在否定词之后；②与“难道”“哪有”“哪里”共现；③处于“如果”类连词之后；④与“吗”“V+否定词+V”共现	存在

如表 2-3 所示，如果在输入项中有全称类算子，且在“什么”之后，则输出“全称”；如果不是这样，那么，就检测下一项，如果“什么”出现在[+WH]类动词之后，且与“吗”“V+否定词+V”共现，则输出“存在”；如果不是这样，则检测下一项，如果“什么”出现在[+WH]类动词之后，且不

与“吗”“V+否定词+V”共现，则输出“疑问”；如果不是这样，则检测下一项，如果“什么”与表2-3中①、②、③和④有关，则输出“存在”；如果不是这样，则输出缺省值“疑问”。

（二）“什么”词义排歧决策表的验证

为验证表2-3所示决策表，我们从CCL语料库①中随机检索出500个含“什么”的句子，用表2-3中的规则来判断这500个句子中“什么”的语义解读。

验证的步骤如下：

① 观察句子，判断句中是否有表2-3中所述的规则；

②根据①观察到的规则，确定“什么”的词义；若句中无表2-3提及的规则，则输出缺省值——疑问；

③ 将②输出的词义与实际解读作比较，确定输出解读是否恰当。

按上述步骤对500个句子进行验证，数据结果如表2-4所示：

表2-4 **“什么”的语义识别模型的验证结果**

语义解读 / 模型识别情况	疑问解读	存在解读	全称解读	其他解读
模型已识别	220	95	40	0
模型未识别	0	4	0	141

表2-4显示该决策表识别出了220个“什么”表疑问解读，95个表存在解读，40个表全称解读。决策表未识别出4个应表存在解读的“什么”，究其原因在于这4个句子中的非事实类动词被省略而未被识别出，如例(6a)“好像”被省略。另外，决策表未识别出141个表其他解读的“什么”，其中有113个

① CCL语料库：http：//ccl. pku. edu. cn：8080/ccl_corpus/。

“为什么”(如例 6b)，16 个复句(如“不论、无论、不管+什么”)中的“什么”(如例 6c)，11 个表例指(邵敬敏，1996：232)的“什么”(如例 6d)，1 个表否定(邵敬敏，1996：240；夏雪、詹卫东，2015)的“什么”(如例 6e)。

(6)a. 嘴里(好像)说着什么。

b. 为什么一定要扣车呢?

c. 不论什么票，拿到这里来都能赚钱。

d. 这会儿，什么矿物学，岩石学，对这位研究生都毫无意义。

e. 装什么假正经。

五、“什么”语义识别模型与决策表的改进

根据前文的结果分析，该语义识别模型和决策表还需进行如下改进：

①判别“什么”所处的句法环境前，先排除“为什么”的影响；

②建立“不论”类连词词库，即“不论、无论、不管、任凭”等连词，其后若跟“什么”，则表全称解读。

另外，表例指和否定的“什么”主要分布于口语对话中，以文本形式出现的比例不高。就 CCL 的样本而言，只占 2.2%和 0.2%。“什么”的这两种用法没有显性的区分条件，我们暂且不考虑“什么”的这类特殊解读。

六、结语

我们选择“什么”作为疑问词的代表来分析，是因为“什么”是疑问词中用法最多的一个，且一些用法已具有语用含义(如表例指和否定的用法)，并不在疑问词的通用解读之内。不过这些特殊用法所占文本比例并不高，且常用在口语对话中，在机器翻译领域可暂忽略，我们在第三章中会专节讨论“什么”的此类语义解读。至此，我们出于汉语疑问词多义性的考虑，通过总结“什么”在汉语语法领域的相关研究成果，构建了一个自上而下的

基于规则的语义识别模型，然后根据该语义模型制定了“什么”在词义排歧方面的决策表，以此来判断其确切的语义。

第二节 “怎么”的语义识别

与现代汉语疑问词“什么”相比，“怎么”的特殊性在其疑问解读上，大致有 4 种疑问解读类型，即询问方式、原因、状况和性状。外加存在解读和全称解读，“怎么”呈现出 6 种语义。这一复杂性也对语言信息处理中的语义识别增添不少困难，本节我们尝试通过构建“怎么”的语义识别模型，来提高机器对“怎么”的语义识别率。

一、“怎么”语义复杂性带来的问题

语义复杂的谓词性疑问词“怎么”可表非疑问用法——全称解读(anyhow/anyway)、存在解读(somehow/someway)；也可表疑问用法，作状语时可询问方式(how)、原因(why)，作谓语时可询问状况(what's wrong with)、性状(what)。如：

(7)a. 怎么修都修不好。(全称解读)
b. 学一门技术不怎么难。(存在解读)
c. 你怎么去的？(询问方式)
d. 你怎么去了？(询问原因)
e. 你今天怎么了？(询问状况)
f. 这是怎么一回事？(询问性状)

例(7a)～例(7f)中的“怎么”均受到了特定句法环境的约束才表现出相应的语义解读。自然语言中也存在多重句法环境约束的“怎么”，此时其优势解读将会被表现出来，如：

(8)是不是怎么修都修不好了？(全称解读)

例(8)中的"怎么"处在"都"前，也处在正反问句之中。从目前基于统计的主流机器翻译系统的识别率方面来看，上述7个句子的翻译结果均存在不同程度的问题。测试结果如下：

表2-5　　主流机器翻译系统测试结果①

翻译 例句	百度翻译②	Google 翻译③	SYSTRAN 翻译④	小牛翻译⑤
(7a)	It's not good to repair.	**How** to repair can not be re-paired.	Repairs cannot fix.	I can't fix it.
(7b)	It's not hard to learn a techno-logy.	Learning a tech-nology is not that difficult.	Studies a technology to be not difficult.	It's not so hard to learn a skill.
(7c)	How did you get there?	How did you get there?	Do you go?	How did you get there?
(7d)	**How** did you go?	**How** did you go?	You?	**How** did you get there?
(7e)	What's wrong with you today?	What happened to you today?	You today?	What happened to you today?
(7f)	What's the mat-ter?	This is how the same thing?	Is this matter?	What is this all about?

① 该测试于2018年7月11日进行。
② 百度翻译：https：//fanyi. baidu. com/。
③ Google 翻译：https：//translate. google. cn/。
④ SYSTRAN 翻译：https：//www. systranet. com/translate/。
⑤ 小牛翻译：https：//niutrans. com/。

续表

翻译 例句	百度翻译	Google 翻译	SYSTRAN 翻译	小牛翻译
(8)	Isn't it a bad repair?	Is it possible to repair it?	Repairs cannot fix?	How can you fix it?

Google 翻译将例(7a)中表任指的“怎么”(anyhow/anyway)翻译为“how”。百度翻译、Google 翻译、SYSTRAN 翻译和小牛翻译均未正确区分例(7c)和例(7d)中的“怎么”，例(7c)询问方式(how)，例(7d)询问原因(why)，四个翻译系统倾向于全翻译为“how”。例(7f)和例(8)的翻译也存在问题。

我们认为，“怎么”的词义排歧模型将会有助于机器对该类词语语义的识别。词义排歧的方法有多种，比如有基于词典、规则、语料库等多种方法。在实际应用的过程中，将各种方法综合利用的方法是比较理想的。(李志等，2001)苗海、张仰森(2013)就使用最大熵与规则相结合的方法来进行词义排歧工作，获得了很好的效果。针对词义较多、句法环境复杂的“怎么”，有指导的学习方法中的决策表分类法是一个理想的方法，这个方法来处理“怎么”的词义排歧工作，也就是根据共现词的等价类的不同制定决策表，然后利用这个决策表输入目标项，确定其最佳的词义(冯志伟，2004)。

接下来，我们在相关理论假设的基础上，分析“怎么”的三类语义解读，即全称解读、存在解读和疑问解读(方式、原因、性状、状况)，总结三类语义解读所处的句法环境，通过测试其在复杂句法环境中的强势解读来构建一个自上而下的词义排歧模型，为制定决策表提供依据。最后通过实验来验证词义排歧决策表的可行性。

二、理论假设

“怎么”的三种语义解读与其所处的句法环境有关，因此总结各类句法环境的特征尤为重要。形式语义学派把疑问词看作自由变量(free variable)，其表现何种解读取决于约束(bind)它的算子(operator)。当疑问词被全称算子、存在算子和疑问算子约束时，分别表全称解读、存在解读和疑问解读。(Cheng，1991)如例(7a)中的“怎么”被全称算子“都”约束，表全称解读；例(7b)中的“怎么”处于否定句法环境中，表存在解读；例(7c)~例(7f)中的“怎么”均被隐性疑问算子约束，表疑问解读。

总的来说，疑问词与受约算子间是一种约束关系。例(7)中各句子仅受单一算子约束，语义识别较为简单，但当句中有多个算子时，疑问词会优先被何种算子约束，这些受约算子间是一种怎样的层级关系呢？这需要通过特定语句的测试来确定多重算子约束下的疑问词的优势解读。接下来，根据这一理论假设，我们来尝试总结允准“怎么”语义解读的句法环境特征及其层级关系。

三、允准“怎么”语义解读的句法环境的特征

(一)“怎么”表全称解读

“怎么”被全称量化词“都”及类同算子“也”约束时，表全称解读。如：

(9)a. 按住葫芦漂起瓢，怎么都不好办。
b. 客氏歪着脑袋，怎么也猜不出来。

例(9a)中“怎么”可被理解为“各种办法”，后半句意思是“通过各种办法都不好办”。例(9b)中“怎么”也可被理解为“各种办法”，后半句意思是“通过各种办法也猜不出来”。全称算子“都”和类同算子“也”将“怎么”这一自由变量约束后，使之表现为全称解读。这两个算子虽被统称为全称类算子(牛长伟、程邦雄，2017)，但对事件实现全称意义的路径是不同的。袁毓林(2004)提到“都”是对一组最小事件加合表示全称意义，是总括式扫描(summary scanning)；“也”是对一组最小事件的合取表示全称意义，是

次第式扫描(sequential scanning)。但需要值得注意的是，“都”和“也”在关联约束“怎么”时，往往与其重读与否有关。如：

(10)a. 你们怎么都不讲烟台话了？

b. 你怎么也不替一下我？

例(10a)中“都”关联约束复数主语“你们”，“怎么”未被关联约束，表疑问，询问原因，意思是“你们几个人为什么都不讲烟台话了？”例(10b)中“也”关联约束“你”，“怎么”未被关联约束，表疑问，询问原因，意思是“别人不替我也就罢了，你为什么也不替一下我呢？”那么，该如何确立“都”和“也”的关联项呢？参照上一节“(一)‘什么’表全称解读”中引述牛长伟和程邦雄(2015)的分析可知，例(10a)的解读需要重读“都”，此时“都”优先左向关联约束非疑问成分“你们”。与此类似，例(10b)的解读也需要重读“也”，此时“也”关联约束“你”。如若将例(10a)中的“都”和例(10b)中的“也”轻读，“怎么”则表全称解读(主语改为第三人称“他们/他”更好理解)，意思是“无论如何，就是不说烟台话了”“无论如何，就是不替一下我”。

(二)“怎么”表存在解读

“怎么”处于疑问环境、真值不确定环境或否定环境时，会表存在解读。如：

(11)a. 鼠标怎么摔了一下吗？

b. 是不是怎么修一下就好了？

c. 电视好像怎么闪了一下就不亮了。

d. 实在不怎么爱听。

例(11a)、例(11b)中“怎么”表存在解读，意思是“以某种方式”，分别处于是非问句和正反问句中，同属疑问环境。例(11c)中“怎么”表存在解读，处于非事实类动词“好像”的辖域内。这类动词还有“仿佛、似乎”等。例(11d)中“怎么”被否定词“不”统制(Li，1992)，表存在解读。吕叔湘(1999)认为例(11d)中的“怎么”表示一定程度，略同于“很”而较轻，“怎么”的作用在于减弱“不”的力量，语气比较委婉，没有“实在不爱听”语气坚决。其实，从形式语义学的角度来看，“表示一定程度”也就是存在解读，即“some degree”。例(11d)中“怎么”的作用类似于表存在解读的疑问词“什么”，如“我没买什么东西”就比“我没买东西”显得语气要委婉。

(三)“怎么”表疑问解读

“怎么”受隐性疑问算子约束或处于[+WH]类动词辖域内时，表疑问解读。如：

(12) a. 你怎么去上海的?
　　 b. 他问我怎么去上海的。

按照形式学派理论，例(12a)中的“怎么”在逻辑层面(Logical Form)移位至Spec-CP位置后，才获得疑问解读(Huang，1982)。例(12b)中[+WH]类动词“问”要求其辖域内必须出现疑问环境(是非问句、正反问句、选择问句或特指问句)，“怎么”是疑问词，所以此处必须表疑问义形成特指问句才能满足[+WH]类动词的要求。这类动词还有“问、询问、打听、想知道”等。

例(12a)中“怎么”表疑问解读，询问方式。除方式外，“怎么”还可询问原因、状况和性状等，如例(7d)~例(7f)。那么，四种疑问解读的句法环境有何不同呢?

“怎么”作谓语时询问状况。吕叔湘(1999)总结了这种用法句末基本用“了、啦”。“怎么”作定语时询问性状。吕叔湘(1999)将此用法总结为“怎么+(一)+量词+名词”，量词常用“个、回”，名词多为“人、东西、事”。“怎么”作状语时，询问方式或原因。肖治野(2009)将询问方式的句法环境分为三类，即：①S+怎么+VP，②S+(是)+怎么+VP+的，③S+怎么+

(个)+V+法；将“怎么”询问原因的句法环境也分为三类：①S+怎么+[Z]+VP，②怎么+S+[Z]+VP，③怎么，S+[Z]+VP。肖文中“S”指主语，“[Z]”可以是“不、就、才、又”等各类副词，也可以是表示时间、地点、比较、关涉等的各类短语甚至小句。具体总结如表2-6所示。

表2-6　**“怎么”表疑问解读所处句法环境特征**

询问类型	句法环境	例句
状况	S+怎么+了/啦	你今天怎么了？
性状	S+怎么+(一)+个/回+人/东西/事	这是怎么一回事？
方式	S+怎么+VP①	我应该怎么去上海？
	S+(是)+怎么+VP+的	你(是)怎么去的？
	S+怎么+(个)+V+法	钱怎么个借法？
原因	S+怎么+[Z]+VP	你怎么今天来了？
	怎么+S+[Z]+VP	怎么电影里没有你？
	怎么，S+[Z]+VP	怎么，你们不认识？

(四)小结

通过以上分析，我们总结一下允准“怎么”语义解读的句法环境的特征，如表2-7所示：

表2-7　**允准“怎么”语义解读的句法环境的特征**

语义解读	句法环境	特征
全称解读	“都、也”约束	①全称类算子约束

① 彭可君(1993)曾提到“你怎么买鱼？”中的“怎么”既可询问方式，也可询问原因。我们认为，该句中“怎么”分析为询问方式更符合语感。当修改为“你怎么买鱼了？”时，句子“怎么”询问原因的意思才更加明确。

续表

语义解读	句法环境	特征
存在解读	是非问句、正反问句	②疑问环境
	非事实类动词	③真值不确定环境
	否定词统制	④否定环境
疑问解读	问/想知道/打听+怎么	⑤[+WH]类动词辖域内
	LF 隐性移位	⑥隐性疑问算子约束

四、“怎么”的词义排歧模型构建

“怎么”被全称类算子“都、也”约束时，表全称解读；处于疑问环境、真值不确定环境、否定环境中时，表存在解读；处于[+WH]类动词辖域、被隐性疑问算子约束时，表疑问解读。上述“怎么”所呈现的语义解读仅是处于单一句法环境中，自然语言中“怎么”有时也会处于多重句法环境中，其语义解读表现如何？这是构建“怎么”的词义排歧模型需要解决的问题。另外，“怎么”表疑问解读时的四种解读也要通过“由简及繁”的原则来进行词义排歧。

(一)多重句法环境下“怎么”的语义表现

此部分我们要测试多重句法环境下“怎么”的语义解读。操作方法是将表 2-7 中的句法环境自由组合，来确定“怎么”的优势解读。由于隐性疑问算子并无显性标记，无须将其引入复杂句法环境。我们将表 2-7 中的五种句法环境两两自由组合，然后根据语感来测试其优势语义解读。

(13)a. 怎么修**都**修不好了**吗**？(①+②=全称)

b. **好像**怎么修**都**修不好了。(①+③=全称)

c. **不是**怎么修**都**修不好了。(①+④=全称)

d. ＊我**想知道**怎么修**都**修好了。(①+⑤=＊)

(14)a. **好像是不是**怎么修一下就好了？(②+③=存在)

b. 实在**不**怎么好听**吗**？(②+④=存在)

c. 我**想知道**你**是不是**怎么修了它一下才好的。(②+⑤=存在)

(15)a. **好像不**怎么好听。(③+④=存在)

b. ＊我**想知道**他**好像**怎么摔了一下。(③+⑤=＊)

(16)＊我**想知道**这首歌**不**怎么好听。(④+⑤=＊)

例(13a)~例(13c)中“怎么”均表全称解读，说明在①②③④中，全称解读是强势解读，即①的层级高于②③④。例(14a)~例(14b)、例(15a)中“怎么”均表存在解读，说明在②③④中，三种句法环境是平行的。例(13d)、例(14c)、例(15b)和例(16)中“怎么”的语义解读表现各异，“想知道”要求其辖域内出现疑问环境，除例(14c)中“是不是”(正反问句)满足疑问环境外，其余3句均与疑问环境冲突，所以不合格。

综上所述，可以得出影响“怎么”语义解读的句法环境的等级排列：①≫②/③/④≫⑤，即“全称类算子约束”是第一层级的，“疑问环境、真值不确定环境和否定环境”是第二层级的，“[+WH]类动词辖域”是第三层级的。也就是说，当句中的“怎么”被全称类算子约束时，表全称解读；若不是，进入下一步；若处于疑问环境、真值不确定环境或否定环境中时，表存在解读；若不是，则表疑问解读。

(二)“怎么”的疑问解读的词义排歧

当“怎么”的词义排歧至疑问解读时，就需要识别“怎么”是询问状况、性状、方式，还是原因。在词义排歧时，应遵循“显性标记→隐形标记”的原则，在显性标记中还应遵循标记“由简及繁”的原则。也就是说，先操作容易识别的语义，最后操作难识别的语义。从表2-6中我们可以看出，“怎么”的四种疑问解读的句法环境的显性标记“由简及繁”依次为“状况→性状→方式→原因”，可将最复杂的句法环境作为默认值输出。另外，“怎么”表方式时，还可将其句法环境做进一步简化，即“怎么+(个)+VP+(*了)”。

(三)“怎么”的词义排歧模型

综合(一)和(二)，我们大致可以推导出“怎么”的词义排歧模型，如图 2-2 所示。

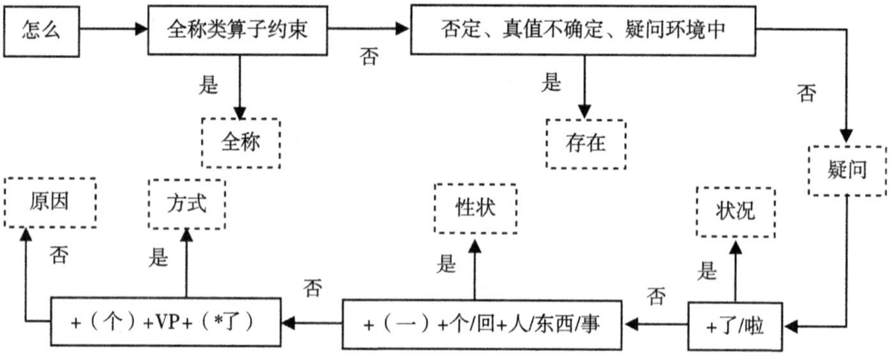

图 2-2 “怎么”的词义排歧模型

五、“怎么”所处句法环境的区分条件及其验证

(一)“怎么”所处句法环境的区分条件

图 2-2 所示的“怎么”的词义排歧模型涉及“约束、环境、辖域”等语言学术语，不利于机器识别。我们将这类立体化的术语线性化，使机器通过对词序的判断，快速识别出通常情况下“怎么”的解读，即：

全称类算子约束：怎么+(……)+都/也；

否定环境：①不/没(有)+怎么；

真值不确定环境：好像/仿佛/似乎+(……)+怎么；

疑问环境：①怎么+(……)+吗；②V+否定词+V+(……)+怎么

(二)“怎么”所处句法环境的区分条件

我们将“怎么”词义排歧决策表的缺省值设定为表询问原因的疑问解读，根据图 2-2 和(一)中的区分条件，“怎么”的词义排歧决策表如下：

表 2-8 **“怎么”的词义排歧决策表**

句法环境	规则	语义解读
全称类算子约束	怎么+(……)+都/也(非重读的“都/也”)	全称
否定性、真值不确定环境或疑问环境	①不/没（有）+怎么；②好像/仿佛/似乎+(……)+怎么；③怎么+(……)+吗；④V+否定词+V+(……)+怎么	存在
特定句式	怎么+了/啦	询问状况
	怎么+(一)+个/回+人/东西/事	询问性状
	怎么+(个)+VP+(*了)	询问方式

如表 2-8 所示，如果在输入语句中有全称类算子，且在“怎么”之后，则输出“全称”；若无，则检测下一项。如果“怎么”与表 2-8 中①②③和④有关，则输出“存在”；若不符，则检测下一项。如果“怎么”属于“怎么+了/啦”句式，则输出“询问状况”；若不属于，则进入下一项。如果“怎么”属于“怎么+(一)+个/回+人/东西/事”句式，则输出“询问性状”；若不属于，则进入下一项。如果“怎么”属于“怎么+(个)+VP+(*了)”句式，则输出“询问方式”；若都不属于，则输出缺省值——“询问原因”。

(三)“怎么”词义排歧决策表的验证及改进

为验证“怎么”的词义排歧决策表，我们从 CCL 语料库中随机选定

1000 个含有“怎么”的句子，用表 2-8 所示的词义排歧决策表来对这 1000 个句子中“怎么”的语义解读进行判断。验证步骤如下：

① 判断句中是否存在表 2-8 中所提到的规则；

② 若存在表 2-8 中的规则，则依次输出相应的语义解读；

③ 将②输出的语义解读与实际语义解读作比较，确定输出的语义解读是否恰当。

按上述验证步骤对 1000 个句子进行验证，结果如表 2-9 所示。

表 2-9　　“怎么”词义排歧决策表的验证结果

解读类型 / 识别情况	全称解读	存在解读	疑问解读				其他解读
			状况	性状	方式	原因	
已识别	51	27	42	41	337	341	0
未识别	4	4	0	0	0	0	153

表 2-9 中所示的“已识别”是指识别出的语义解读与实际语义解读一致，“未识别”是指识别出的语义解读与实际语义解读不一致。全称解读中有 4 个未识别，是由于句子重音不同造成的，如例(17a)，CCL 未标记重音，所以该类句子被误判为全称解读。存在解读中有 4 个未识别，是由于“要不”的原因，如例(17b)，“要不”是“要不是的话”的简写，由于“不”和“怎么”紧邻，导致“怎么”误判为存在解读。其他解读中有 153 个未识别，其中包括 129 个“怎么样”，如例(17c)；5 个代指用法，如例(17d)，“怎么”代指了某一动词；19 个复句，如例(17e)，“不管/无论”紧邻“怎么”时，解读等同于全称解读。

(17) a. 爸，你怎么**也**迷信起来了？

b. 你们海鹏可勇敢了，**要不**怎么能当司令。

c. 庙会上宣传工作做得**怎么样**？

d. 陈旅长都不敢**怎么**我。

e. **不管**怎么说，周泉的心里总有一道阴影。

例(17a)的重音问题，文本由于未标记重音，暂且不予考虑。例(17b)和例(17d)仅占选取语料的0.4%、0.5%，也可暂不考虑。针对例(17c)和例(17e)，可以对表2-8词义排歧决策表进行如下改进：

① “怎么”输入之前，先排除“怎么样”的影响；

② “全称类算子约束”增加区别条件，即“不管/无论+怎么”句式中，“怎么”也输出全称解读。

（四）“怎么”词义排歧模型的应用价值

表2-5中提到了基于统计的主流机器翻译系统在识别“怎么”的语义解读时尚存改进空间。除无限地扩大双语平行语料外，运用规则的方法也可识别出表2-5各句中“怎么”的语义解读。例(7a)中“怎么”处于全称算子“都”前，输出为全称解读(anyhow/anyway)；例(7b)中“怎么”在否定词“不”之后，输出为存在解读(somehow/someway)，逻辑上，“not+some”即为no，表否定；例(7c)中“怎么”符合“怎么+(个)+VP+(＊了)”格式，输出为询问方式(how)；例(7d)中“怎么”不符合模型中的既有格式，最后输出为询问原因(why)；例(7e)中“怎么”符合“怎么+了/啦”格式，输出为询问状况(what's wrong with)；例(7f)中“怎么”符合“怎么+(一)+个/回+人/东西/事”格式，输出为询问性状(what)；例(8)中“怎么”处于“都”之前，在第一步就被输出为全称解读(anyhow/anyway)，不受该句正反问句类疑问环境影响。

六、结语

本节选择“怎么”作为谓词性疑问词的代表进行分析，是因为“怎么”是该类疑问词中用法最多且最复杂的一个。除本节分析的六种语义解读外，“怎么”还有代指用法，由于出现比例极低，暂不考虑。通过总结“怎么”在汉语语法领域的相关研究成果，构建了一个自上而下的基于规则的词义消歧模型，然后根据自然语言中常见的情况，制定“怎么”的词义排歧决策表，最后通过语料库样本数据验证了该决策表的可行性。这一尝试对解决“怎么”的语义识别问题具有积极的意义。

第三节　“多少”的语义识别

与“什么”和“怎么”相比，现代汉语疑问词“多少”的特殊性在于其词性多、语义广。“多少”具有 3 种词性、6 种语义，其语义复杂性同样给语言处理带来了难题，尤其是在机器翻译的准确率上，表现并不理想。接下来，我们从语言信息处理的角度来总结“多少”各义项的共现特征，尝试给出有指导的词义排歧的方法。

一、“多少”语义的复杂性及其带来的问题

“多少”是一个语义复杂的跨词性多义词。它常作代词，可询问数量(如例 18a)；还可表任指，即所有数量(如例 18b)；表虚指，即一些数量(如例 18c)；也可作名词，表数量的大小(如例 18d)；还可作副词，表一定的程度(如例 18e)。除此之外，在感叹语气中，还能表主观大量(如例 18f)。

(18) a. 这个多少钱?
b. 有多少人都无济于事。
c. 今天没去多少人。
d. 印数的多少，作者不关心吗?
e. 你多少吃一点。
f. 这得花多少钱啊!

“多少”的语义复杂性为机器理解自然语言带来了难题，特别是在机器翻译和词义排歧方面。以主流的基于统计的机器翻译系统对例(18)中 6 个句子的翻译为例，列表如下。

表 2-10 **主流机器翻译系统对“多少”的翻译结果①**

翻译 例句	百度翻译	Google 翻译	SYSTRAN 翻译	小牛翻译②
(18a)	How much is it?	how much is this?	This how much money?	How much is this?
(18b)	How many people are of no avail.	How many people are useless.	How many people are useless.	How many people are useless.
(18c)	Not many people went today.	How many people did not go today.	Today has not gone to many people.	Not many people were there today.
(18d)	How many prints does the author care about?	The author does not care about the number of impressions?	How many of printing, doesn't the author care?	Does the author not care about the number of prints?
(18e)	How much do you eat?	How much do you eat a little.	Your many eats.	How much do you eat.
(18f)	How much does it cost?	How much does it cost?	This must spend how much money!	How much does it cost!

表 2-10 中四个翻译系统均能正确识别例(18a)中的“多少”(how much)，但却均未正确识别例(18b)、例(18e)和例(18f)中的“多少”(恰当的翻译分别为 any amount of，more or less 和 lots of)。Google 翻译未正确识别例(18c)中的“多少”(many)。百度翻译、SYSTRAN 翻译均未正确识别例(18d)中的“多少”(the number of)。可见，基于统计的机器翻译系统在处理“多少”的语义方面还有改进的空间。由于双语语料不可能完全覆盖这类

① 该测试于 2019 年 2 月 27 日进行。

② https：//niutrans. vip/。

语义复杂词项的所有共现特征，也就为提升识别率带来了难题。从语言信息处理的角度来看，总结“多少”各义项的共现特征，做出有指导的词义排歧方法值得尝试。

接下来，我们在相关理论假设的基础上，分析“多少”的语义复杂性，总结其各义项的共现特征。然后通过多重共现特征下的语感测试法，得出多重共现特征下“多少”的强势解读，构建一个自上而下的语义层级模型，以此制定“多少”的词义排歧决策表。最后通过语料来验证该排歧决策表的可行性。

二、理论假设

“多少”的义项与其句法环境中的共现特征有关，总结这类共现特征有助于构建其语义层级模型。“多少”的主要功能是作疑问词，形式语义学派把疑问词看作自由变量，其表现何种解读取决于约束它的算子。当疑问词被疑问算子、全称算子和存在算子约束时，分别表疑问解读、全称解读和存在解读。(Cheng，1991)如例(18a)中的“多少”被隐性疑问算子约束，表疑问解读；例(18b)中的“多少”被全称量化词“都”约束，表全称解读(任指)；例(18c)中的“多少”处于否定句法环境中，表存在解读(虚指)。“多少”除作代词外，还可作名词和副词，也可从其句法环境中寻找其共现特征。

接下来，我们尝试在前人的基础上总结允准“多少”语义解读的共现特征，并在多重共现特征下测试“多少”的优势解读，为构建其语义层级模型提供依据。

三、允准“多少”语义解读的共现特征(句法环境)

“多少”常作代词，也可作名词、副词。我们将其语义解读分为疑问解读和非疑问解读，非疑问解读包括全称、存在、数量、程度、主观大量。

(一)“多少”表疑问解读

“多少”被隐性疑问算子约束或处于[+WH]类动词辖域内时，表疑问解读。一般后面会紧接所修饰的名词，但有时后面的名词会被省略。如：

(19) a. 称一称，看这件衣服有多少斤？

b. 有时客人**想知道**多少是恰当的小费。

c. 一位去上海的老大爷**问**到上海的船票多少钱。

例(19a)中的“多少”被隐性疑问算子约束，后紧接单位名词“斤”，询问重量。例(19b)和例(19c)中“多少”分别处于[+WH]类动词“想知道”“问”的辖域内，例(19b)后面的“钱”虽被省略，但同例(19c)一样，询问钱数。

(二)“多少”表非疑问解读

1. “多少”表全称解读

“多少”被全称量化词“都”、类同算子“也”、连词“不管”等算子约束时，表全称解读。如：

(20) a. 我是橡皮肚子，吃多少**都**撑不破。

b. 公家财物损失多少**也**不心疼。

c. **不管**有多少艰难险阻，国家都要统一。

例(20a)中的“多少”可被理解为“任何量的(食物)”。例(20b)中的“多少”可被理解为“任何量的(财物)”。例(20c)中的“多少”处于“不管”之后，可被理解为“任何艰难险阻”。值得注意的是，类同算子“也”只有用在否定句中时，才会约束“多少”，使之呈现全称解读，肯定句中一般无法约束“多少”，如：

(21) 找一份力所能及的工作，多少**也**能贴补些家用。

例(21)中的“多少”虽处于类同算子“也”之前，但该句为肯定句，并未被“也”约束，此时“多少”为副词，表“或多或少”(见本节4.“‘多少’表一定程度”)。

2.“多少”表存在解读

“多少”处于否定环境和真值不确定环境时，会表存在解读。如：

(22)a. 去年**没**多少，就今年多，都看这个来钱。

b. 可又有多少观众看过**呢**?

c. 他的眼塘子整个都坑了下去，乌黑乌黑的，**好像**多少夜没睡过觉似的。

例(22a)中的“多少”被否定词“没”统制(Li，1992)，处于否定环境之中，与“一定数量”同义。例(22b)中“多少”处于反问句中，也属于否定环境，意思等同于“没多少”。例(22c)中“多少”处于非事实类动词“好像”的辖域内，属于真值不确定环境，意思是“一定数量”。非事实类动词还有“仿佛、似乎、计划”等。

3.“多少”表数量大小

“多少”可作名词，表数量的大小。一般出现在“的”之后，但有时“的”会被省略，如：

(23)a. 资产**的**多少也不再是银行价值的唯一标准。

b. 时间多少视他们的具体情况而定。

例(23a)中“多少”处于“的”之后，表资产的数量。例(23b)中“多少”前的“的”可被补充出来，即“时间的多少”，同样表时间的数量(长短)。

4.“多少”表一定程度

“多少”可作副词，表一定程度，意为“或多或少”。一般单独出现在动词、形容词或副词之前，后面要加上不定量的数量成分，如：“一点”“点儿”“些”“一些”等(石兴慧，2005)；或者后加“有所”的标记，构成“多少+V/ADJ/ADV+(一)点/些”“多少+有所+V”的格式。“多少”后加动词重叠式时，也可表一定程度，如“VV”“V 一 V”“V 了 V”，构成“多少+V+(一/了)+V”格式(黄珊，2015)。如：

(24) a. 留意一下鲁迅研究，便多少可以感悟**些**什么的。

b. 球员的体能水平多少**有所**提高。

c. 这里，恐怕需要多少**谈谈**“实数”等数学概念。

例(24a)中的“多少”前无“的”，后无名词，单独出现在情态动词“可以”之前，后出现了“些”词语，表“或多或少”。例(24b)中的“多少”后加“有所”，也表“或多或少”。例(24c)中的“多少”后出现动词重叠式“谈谈”，同样表“或多或少”。

“些、点”表示量少，“有所”表示程度不高，“VV”表示动作时间短。这类句式的共性是表低程度。

5. “多少”表主观大量

“多少”有时应表疑问，询问数量，但受语用环境的影响，并无疑问之意，而表主观大量。一般出现在感叹句和陈述句中，在陈述句中时也常有感叹语气。如：

(25) 从“关公巡城”到“韩信点兵”，含融着多少文化意蕴**啊**！

例(25)中“多少”并无询问之意，而是明确地表达了主观大量，即“有很多的文化意蕴”。

(三) 小结

综上所述，影响“多少”语义解读的共现特征可用表 2-11 表示。

表 2-11 **影响“多少”语义解读的共现特征**

语义解读		词性	句法环境	共现特征
疑问解读		代词	LF 隐性移位	被隐性疑问算子约束
			[+WH]类动词	处于[+WH]类动词辖域之内
非疑问解读	全称	代词	被“都”“也”“不管”等约束	被全称类算子约束
	存在	代词	否定词统制、反问句中	处于否定环境
			非事实类动词	真值不确定环境之中
	数量	名词	“(的)+多少”	处于结构助词“的”之后
	程度	副词	“多少+V/ADJ+(一)点/些”	与表低程度的句式共现
			“多少+有所+V”	
			“多少+V+(一/了)+V”	
	主观大量	代词	“多少+…+(啊)+!”	处于感叹语气中

四、“多少”的语义层级及其词义排歧模型

“多少”的诸多义项之间具有较为清晰的层级关系，厘清这一语义层级有助于构建其词义排歧模型。为勾勒出“多少”的语义层级，我们分别从词库层面(lexical interface)、句法与语义层面(syntax-semantic interface)、语用与语义层面(pragmatic-semantic interface)来进行构建。

(一)词库层面

“多少”在词库中可作名词、副词、代词，其语义层级可以按照其共现特征“由简及繁”的思路来构建。当“多少”作名词时，其前一般出现“的”字结构，共现特征最为简单；当“多少”作副词时，其后的动词常伴随有“(一)些”“(一)点”“有所”“VV”等特征，共现特征较为复杂；当“多少”作代词时，可表疑问、存在、全称、主观大量等解读，共现特征最复杂。所以从词库层面来看，“多少”的语义层级应按照“名词→副词→代词”的次序来构建。

(二)句法与语义层面

“多少”作代词时，可表疑问、存在、全称和主观大量。由于“多少”表主观大量时需要凭借“感叹语气”进行识别，属于语用层面，此处暂不考虑(详见本节“(三)语用与语义层面”)。就表疑问、存在、全称的“多少”而言，其语义层级可通过语感来确定其处于多重共现特征中的优势解读的方法来构建。具体方法是将表2-11中的共现特征两两组合，然后通过语感来确定“多少”处于组合后的共现特征中的优势解读，如：

(26)a. *他**想知道**多少钱**都**买不到这块手表。([+WH]类动词辖域+全称类算子约束=*)

b. ？他**想知道**你**没**打多少人。([+WH]类动词辖域+否定环境=疑问解读)

c. 他**想知道**你**计划**帮助多少人。([+WH]类动词辖域+真值不确定环境=疑问解读)

d. **不是**多少钱**都**行。(全称类算子约束+否定环境=全称解读)

e. **好像**多少钱**都**行。(全称类算子约束+真值不确定环境=全称解读)

f. 他**好像没**多少钱。(否定环境+真值不确定环境=存在解读)

例(26a)中[+WH]类动词“想知道”的辖域内要求出现疑问环境，而此时“多少”被全称算子“都”约束，表全称解读，并不表疑问，与“想知道”的辖域要求相悖，故句子不合格。例(26b)中的“多少”处于“想知道”的辖域内，也处于否定环境中，此时“多少”表疑问解读①。例(26c)中的“多少”处于“想知道”的辖域内，也处于非事实类动词“计划”的辖域内，此时

① 此时句子的接受度较低，增加适当语境，可以提高句子的接受度。如：“他想知道你打了多少人，没打多少人。”

"多少"表疑问解读。例(26d)中"多少"被"都"约束，同时处于否定环境中，此时"多少"表全称解读。例(26e)中"多少"被"都"约束，同时处于真值不确定环境中，此时"多少"表全称解读。例(26f)中"多少"处于真值不确定环境和否定环境中，此时"多少"表存在解读。

从例(26a)、例(26d)和例(26e)来看，全称算子的约束要高于真值不确定环境和否定环境，与[+WH]类动词的辖域相冲突；从例(26b)和例(26c)来看，[+WH]类动词的辖域应高于真值不确定环境和否定环境；从例(26f)来看，真值不确定环境和否定环境应处于同一层级，因为两类表存在的环境叠加，结果还是表存在解读。所以作代词的"多少"在句法与语义层面的语义层级为：全称类算子→[+WH]类动词辖域→真值不确定环境/否定环境。

(三)语用与语义层面

在语用层面，感叹语气决定了"多少"的语义解读，但仅区别表疑问和主观大量的"多少"，因为表全称和存在的"多少"即使处于感叹句中，也不会表主观大量，如：

(27) a. 多少钱**都**行啊！

b. **没**多少钱啊！

c. 这得多少钱？

d. 这得多少钱**啊**！

例(27a)中的"多少"被"都"约束，即使处于感叹语气中，还是表全称解读；例(27b)中的"多少"处于否定环境中，即使处于感叹语气中，仍表存在解读；例(27c)中的"多少"表疑问解读，在将句子改为感叹句时，"多少"表主观大量，即例(27d)。可见，"多少"表"主观大量"的语义层级应处于表"疑问"之前，即：感叹语气→疑问。

(四)“多少”的语义层级模型

综合词库层面的“名词→副词→代词”、句法与语义层面的“全称类算子→[+WH]类动词辖域→真值不确定环境/否定环境”以及语用与语义层面的“感叹语气→疑问”，我们可以初步构建出“多少”的语义层级模型，如图2-3所示。

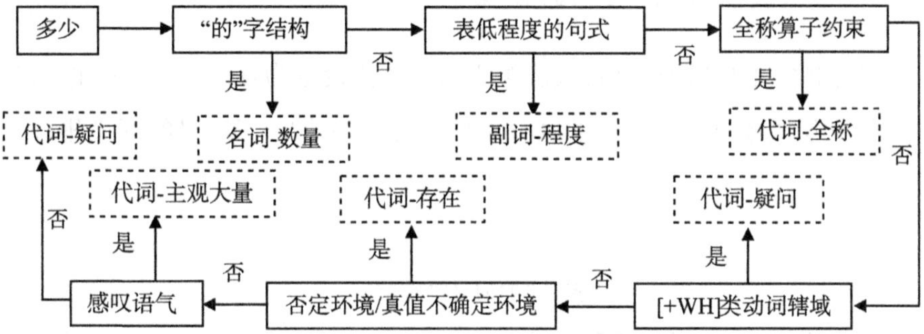

图 2-3 “多少”的语义层级模型

五、“多少”共现特征的区分条件及其语料验证

(一)“多少”共现特征的区分条件

图2-3所示的“多少”的语义层级模型涉及“的”字结构、约束、环境、辖域等语言学术语，不利于机器识别。接下来，我们将这类立体化术语线性化，使机器通过对词序的判断，快速识别出“多少”的解读。

“的”字结构：(的/之)+多少。

表低程度的句式：①多少+V/ADJ+一些/一点；②多少+有所+V；③“多少+V+(一/了)+V”。

全称算子约束：①多少+都+(不/没)+V；②多少+也+不/没+V；③不管/不论/无论+多少。

[+WH]类动词辖域：想知道/不知道(晓得)/(说/搞)不清/问+多少。

真值不确定环境：好像/仿佛/似乎+多少。

否定环境：①不/没(有)/未/无/别+多少；②反问语气。

感叹语气：多少+(啊)+!。

在这些区分条件中，机器识别无标记的“反问语气”和“感叹语气”应是难点。

(二)“多少”的词义排歧决策表

我们将“多少”的词义排歧决策表的缺省值设定为疑问解读，根据图2-3的语义层级模型和上文中的区分条件，可以构建出“多少”的词义排歧决策表。(如表2-12所示)

表2-12 **“多少”的词义排歧决策表**

序号	共现特征	规则	词义
1	“的”字结构	(的/之)+多少	数量
2	表低程度的句式	①多少+V/ADJ+一些/一点；②多少+有所+V；③“多少+V+(一/了)+V”	程度
3	全称算子约束	①多少+都+(不/没)+V；②多少+也+不/没+V；③不管/不论/无论+多少	全称
4	[+WH]类动词辖域	想知道/不知道(晓得)/(说/搞)不清/问+多少	疑问
5	否定环境 真值不确定环境	①不/没(有)/未/无/别+多少；②反问语气；③好像/仿佛/似乎/计划+多少	存在
6	感叹语气	多少+(啊)+!	主观大量

针对“多少”的词义排歧决策表，我们先对两个含有多重共现特征的句子进行排歧，然后再通过语料库中的随机语料进行验证。如：

(28) a. 校长**想知道**分数线的多少**也**会左右**一些**考生的报考意愿吗。

b. 这会加重农民多少负担!

例(28a)句中包括“的”字结构、“V+一些”、全称类算子“也”、[+WH]类动词“想知道”，根据表 2-12，在第一步就可输出其作名词、表数量的词义。例(28b)中仅包括表 2-12 中的“感叹语气”，故在此层级输出其作代词、表主观大量的词义。

基于此，我们从 CCL 语料库中随机筛选 1000 条含有“多少”的语料来对表 2-12 的决策表进行验证。

(三)“多少”词义排歧决策表的语料验证及改进

为验证表 2-12“多少”的词义排歧决策表，我们从 CCL 语料库中随机选定 1000 个含有“多少”的句子，用表 2-12 的决策表来对这 1000 个句子中“多少”进行词义排歧。排歧步骤如下：

① 判断句中是否存在表 2-12 中所提到的规则；

② 若存在表 2-12 中所提到的规则，则按照表 2-12 所示序号由 1 至 6 逐级验证，若规则与某一层级相符，则输出相应的词义；

③ 将②输出的词义与实际词义作比较，确定输出的词义是否恰当。

按上述验证步骤对 1000 个句子进行验证，结果如表 2-13 所示。

表 2-13 “多少”词义排歧决策表验证结果

词义 / 识别情况	非疑问解读					疑问	其他
	数量	程度	全称	存在	主观大量		
已识别	65	48	44	108	203	469	0
未识别	9	1	0	0	29	2	22

表 2-13 中的“已识别”是指识别出的词义与实际词义一致，“未识别”是指识别出的词义与实际词义不一致。总体来看，模型识别出了 1000 个

“多少”中的937个，识别率达93.7%。其中，“多少”表数量的解读中有9个未识别，多数属于固定表达，并未出现“的”字结构，如例(29a)；表程度的解读中有1个未识别，也属不常见表达，使用了引号标注，如例(29b)；表主观大量的解读中有29个未识别，这些句子虽有感叹语气，但并未使用感叹号，如例(29c)；表疑问解读中有2个应表疑问，但因为出现在“都”或“也”之前，被识别为全称解读，其实这些句子中的“多少”并未被“都”约束，如例(29d)，因为此处的“都”是“连……都……”结构中的一部分，并未关联“多少”；还有22个表其他解读的“多少”未被识别，主要涉及句子的分词问题和词语“多多少少”的影响，如例(29e)和例(29f)。

(29) a. 获奖21篇，按得分**多少**为序。

b. 这一**多少**“令人惊奇”的决定必将为两国的关系发展带来新的机会。

c. 过现代化的生活，这是**多少**农民世世代代的梦想。

d. 许多表决连到底有**多少**赞成票都没数清楚就宣布通过。

e. 在美国国会中，许**多少**数民族根本没有议席。

f. 在各地的高等院校，多**多少**少也都有一批困难学生。

针对例(29f)，可对表2-12“多少”的词义排歧决策表进行改进，即在输入“多少”之前，先排除“多多少少”的影响，如果出现“多多少少”，则直接输出为表程度的词义。而剩余41个未识别句子(数量9个，程度1个，主观大量29个，疑问2个)，由于缺少显性的共现特征，我们暂不作分析。

六、结语

“多少”作为典型的跨词性多义词，语义解读较为复杂。从汉语本体的研究来看，侧重于寻找影响“多少”语义解读的显性共现特征。但实际的自然语料中，一些显性特征常被省略，如“多少”作名词时，其前“的”常被省略；感叹语气后的感叹号常标为句号等，这就为基于规则的词义排歧模型带来难题。当然，我们所做的尝试希望有助于提高机器对“多少”的语义的识别率。

第四节　本章结语

现代汉语疑问词“什么”可表疑问、全称、存在解读，“怎么”可表全称、存在、询问方式、询问原因、询问状况和询问性状，“多少”可表全称、存在、疑问、数量、程度及主观大量。这三个疑问词分别代表了最常用的疑问词、词义最复杂和词性最多的疑问词，构建出这三个疑问词的词义排歧模型，将有助于我们认识汉语疑问词的语义分布，为提高语言信息处理中的机器翻译准确率奠定语义分析的基础。

现代汉语疑问词的语义多样性不仅仅为语言信息处理带来了不便，还为汉语作为第二语言教学提出了挑战，如何准确系统地将汉语疑问词的全貌讲授给汉语二语学习者，这将是下一章所关注的焦点。

第三章　面向第二语言教学的现代汉语疑问词研究

现代汉语疑问词的语义复杂性不仅给语言信息处理带来了难题，同样也给汉语作为第二语言教学(以下简称“汉语二语教学”)提出了挑战。跨语言视角下，现代汉语疑问词的语义解读较为特殊，与多数语言的疑问词解读存在较大差异，而汉语二语学习者往往会受母语的影响习得与母语相同或相近的语法知识，这就要求我们考察疑问词跨语言间句法、语义与语用的异同，总结语法规则，提供面向第二语言教学的汉语疑问词教学策略。

在这一章里，我们通过课堂实证研究，给出现代汉语疑问词“什么”“怎么”的二语教学策略。另外，从中介语语料库的角度，总结罗列出不同国别的二语学习者对现代汉语疑问词“什么”类代词的习得偏误，并尝试给出具有在课堂上可操作性的教学策略及建议。

第一节　“什么”的教学策略

“什么”作为最常用的现代汉语疑问词之一，其语义研究极具代表性。在汉语二语教学中，“什么”的义项往往分布在初级、中级和高级三个阶段，这些义项的安排是否合理，其对汉语二语学习者的习得有无影响，这是我们需要面对和思考的问题。接下来，我们分别在分析“什么”的基本义项后，选取两组汉语二语学习者作为被试就以上问题进行教学实践研究。

一、以往研究

与多数语言相比，现代汉语疑问词的语义较为复杂，有三种通用解读，各解读所处的句法环境也互不相同。朱德熙(1982：93-94)将疑问词的用法划分为疑问用法和非疑问用法。非疑问用法有两种：一是表示周遍性，即表示在所涉及的范围之内没有例外；二是指称不知道或者说不出来的人、事物、处所、时间等。吕叔湘(1999：15)将疑问词(不定指指代词)的用法分为疑问、虚指、泛指。张斌(2010：191-192)将疑问词的非疑问用法分为任指、虚指和不定指①。总之，汉语学界在疑问词的通用解读上基本达成了共识，即疑问、虚指和任指，形式学派将后两种用法称为存在解读和全称解读。除了这三种通用解读外，部分疑问词还具有特殊解读，如“什么”还可表否定和例指(邵敬敏，1996：240-242，232-234)②，即例(1a)和例(1b)。

(1)a. 什么老字号啊！越老越不值钱。(邵敬敏，1996：240；张斌，2010：192)

b. 小偷什么的，差不多快断了根。(邵敬敏，1996：232)

在汉语二语教学中，汉语疑问词的语义习得研究成为近几年来的热点课题(Yuan，2010；史静儿、赵杨，2014；马志刚，2017)。Yuan(2010)让以母语为英语的学习者对表疑问义、全称义和存在义(existential polarity words)的“什么”进行阅读判断，发现高级组能够接受非事实类动词(non-factive verbs)赋值给“什么”存在义的句子，说明这类句法与其他认知领域

① 张斌(2010：192)提到疑问词的不定指用法与邵敬敏(1996：234-236)所说的例指性是一致的，一般是对举的，本节只考查了单句中含有一个“什么”的用法。

② 邵敬敏(1996：229-247)提到了“什么”的八种解读：全指性、虚指性、否定性、例指性、承指性、借指性、反诘性、独用性。本节选取二语教学中常见于单句中的“什么”的五种解读。

之间的界面特征在较晚的习得阶段可以在汉语二语语法中建立起来。史静儿和赵杨(2014)通过可接受性判断测试考察了高级水平学习者对疑问词虚指用法的习得情况，学习者对否定词、猜测副词、条件连词和“吗”作允准语的疑问词虚指用法表现与母语者一致，但对表推理的句末助词“了”表现不确定性。马志刚(2017)分析了“什么”类代词三种指称义的中介语句法实现程度，疑问义习得无障碍，存在义习得受制于否定范畴，全称义的左向量化受制于学习者母语类型学特征，全称义的右向量化涉及因素较多。前人的研究均发现了二语学习者在掌握汉语疑问词语义解读方面存在困难，并就其掌握该类代词的差异进行相关的实证研究，但并未提供一个针对汉语疑问词语义的教学策略，以帮助汉语二语学习者掌握相关语法。

为了解中高级二语者对汉语疑问词的习得现状及教学情况，本节选取解读最多的“什么”作为汉语疑问词的代表，提出了“什么”的语义层级模型，并按试卷测试(前测)、“什么”语义层级模型的集中教学、试卷再测试(后测)的步骤，验证了该教学策略的可行性。

本节从汉语疑问词“什么”的本体研究谈起，先提出“什么”的语义层级模型，然后再分析母语为越南语、蒙古语受试者在学习该模型前后对“什么”的语义识别情况，最后是该教学策略的现实意义和理论意义。

二、“什么”的语义研究及其语义层级模型构建

“什么”的五种解读可分为两类：一类是句法—语义层面的互动，即通用解读——疑问、存在、全称；一类是句法—语用层面的互动，即特殊解读——否定、例指。接下来，我们在综述前人对两类解读的研究后，提出“什么”的语义层级模型。

(一)“什么”在句法—语义层面的互动

句法与语义层面的互动，也就是说句法环境直接影响“什么”的语义解读，即疑问、存在和全称解读。形式学派把汉语疑问词看作自由变量(free variable)，其表现何种解读取决于约束它的算子(operator)。疑问词受疑问

算子约束时，表疑问解读；疑问词出现在受约环境中时，表存在解读；疑问词受全称类算子约束时，表全称解读(Cheng，1991：123；Lin，1998)。以“什么”为例：

(2)a. 他借了什么书？
b. 他**没**借什么书。
c. 他什么书**都**没借。

例(2a)中“什么”受隐性疑问算子Q约束，表疑问解读，相当于“what”；例(2b)中“什么”被否定词“没”成分统制(c-command)(Li，1991)，表存在解读，相当于“some”；例(2c)中“什么”被全称量化词“都”约束，表全称解读，相当于“any”。

在该理论的基础上，可将“什么”在句法—语义层面互动中所表现出的语义解读的句法环境总结如下：

表3-1 **“什么”在句法—语义层面互动中所处的句法环境**

解读类型	句法环境		例句
存在解读	否定环境	否定词成分统制	他**没**借什么书。
	真值不确定环境	是非问句	他借了什么书**吗**？
		正反问句	他**借没借**什么书？
		“如果”类连词后	他**如果**借了什么书，肯定会还的。
		非事实类动词辖域内	他昨天**好像**借了什么书。
全称解读	全称类算子约束	“都”约束	他什么书**都**借过。
		“也”约束	他什么书**也**没借。
疑问解读①	疑问算子约束	隐性疑问算子Q	他借了什么书？

① 此处疑问解读未考虑[+WH]动词辖域内的“什么”。在二语习得中，[+WH]动词并非习得难点。

(二)“什么”在句法—语用层面的互动

句法与语用层面的互动，也就是指特定的句法环境激活了“什么”的语用功能，即否定和例指解读。这两种特殊解读常见于口语中。

1.“什么”表否定

前人早已关注过“什么”表示否定功能的研究，如邵敬敏(1996：240-242)、寿永明(2002)、姜炜和石毓智(2008)、代丽丽(2016)、袁毓林和刘彬(2016)都曾对此进行过细致的描写和解释，大致观点如下：①一般用于反问句中；②常带有不满的语气；③指代作用弱化，疑问变否定，否定衍生拒绝；④否定已实现的状况；⑤语用否定，不是否定真值条件的语义否定，而是否定“引述性”内容。具有代表性的是袁毓林和刘彬(2016)的归纳，他们将“什么”表否定的句法环境归结为三类，如表3-2所示：

表3-2　**“什么”表否定的句法环境**

句法位置	句法环境	例　　句
“什么”在否定对象之前	什么+NP/VP/引述小句/呀	什么好消息？骗人！
“什么”在否定对象中间	V(+的)+什么+O	吃什么饭？菜都还没买呢。
“什么”在否定对象之后	V/A+什么+(V/A)	怕什么！又不是什么大事。

表3-2例句“什么好消息”“吃什么饭”“怕什么”分别表示“不是好消息”“别吃饭了”“不要怕”。值得注意的是，若脱离语境，例句中的“什么”也可表疑问解读，即询问“是什么好消息”“要吃什么饭”“怕的是什么”，也就是说，若单依靠句法环境去判断句中“什么”的语义解读是不可靠的，还应考虑其所处的语境，判定其真实的语义解读。

2.“什么”表例指

“什么”表例指，是指除已列举的对象之外，还有未列举的同类对象。前人对此用法的研究不多，以邵敬敏(1996：132-234)为代表。邵文概括了

“什么”表例指时所处的句法环境。如表 3-3 所示：

表 3-3 **“什么”表例指的句法环境**

句法位置	句法环境	例 句
“什么”在列举对象之前	什么+x(y、z)	他周围全是<u>什么</u>铅笔、圆规、丁字尺。
“什么”在列举对象之后	(x、y、z)+什么的	有外国人参观<u>什么</u>的，我就递个名片。

表 3-3 中例句“什么铅笔、圆规、丁字尺”表示除了这三样外，还有类似的东西存在，比如“画板”“橡皮”等。“参观什么的”表示除了“参观”外，还有类似的活动，比如“问路”“买东西”等。上述例句中“什么”同样有表疑问解读之嫌，即“是什么(颜色、牌子等)铅笔、圆规、丁字尺”“是参观什么的”，也就是说，“什么”所处的语境直接会影响其语义解读。

(三)“什么”的语义层级模型构建

从表 3-1、表 3-2、表 3-3 可看出“什么”在表通用解读(除疑问解读外)时，句法环境易于识别；而表特殊解读时，若单靠句法环境是难以识别的。影响“什么”语义解读的环境有否定环境、真值不确定环境、全称类算子约束、疑问算子约束、语境因素五类，其中前三类环境具有显性句法标记，而后两类环境属隐性句法环境，无明显句法标记。单就显性句法标记而言，一个句子中也可能会有两种或三种显性句法标记共现，如：

(3) 昨天他**没有**<u>什么</u>东西**都**带走**吗**？

例(3)中出现了否定词“没有”、全称类算子“都”和是非问句标记“吗”三个显性标记，对应着否定环境、全称类算子约束和真值不确定环境。对母语为汉语的人来说，可以很容易识别出例(3)中的“什么”表全称解读，但对汉语二语者来说，如何判断复杂句法环境中的“什么”的语义解读，就成为难题。在前人对单一句法环境中“什么”的语义研究基础上，我们尝试通过语感测试来构建“什么”的语义层级模型。

先来看前三类具有显性句法标记的句法环境，两两结合的测试语句如下：

(4) a. 昨天你**不是**买什么书了**吗**？（否定+真值不确定=存在解读）

b. 昨天你**不是**什么书**都**买了。（否定+全称类算子=全称解读）

c. 昨天你什么书**都**买了**吗**？（真值不确定+全称类算子=全称解读）

例(4a)中“什么”表存在解读，例(4b)和例(4c)均表全称解读。也就是说，当全称类算子约束的句法环境与否定或真值不确定的句法环境共现时，全称解读是优势解读。那么，在语义层级上前者要高于后者。由于否定与真值不确定的句法环境中的“什么”均表存在解读，故二者应属于同一级别。自此可以得出：全称类算子≫否定环境/真值不确定环境。

再来看后两类隐性句法环境：语境因素影响和疑问算子约束的“什么”。语境因素影响下的“什么”会表例指和否定，并无明显的句法标记(如表3-2、表3-3)。隐性疑问算子约束的“什么”会表疑问，也属无标记性环境。从认知的角度来看，筛选“什么”的语义应从句法环境标记性强到句法环境标记性弱依次判断，即：显性标记→语境因素→无标记。也就是说，将“语境因素”排列于“否定环境/真值不确定环境”之后，将“隐性疑问算子”排列于最底层，作为默认值输出。自此可以得出：全称类算子≫否定环境/真值不确定环境≫语境因素≫隐性疑问算子。那么，“什么”的语义层级模型大致可用图3-1(见下页)表示。

图3-1虽是从形式语义学角度构建的“什么”的语义层级模型，但为了

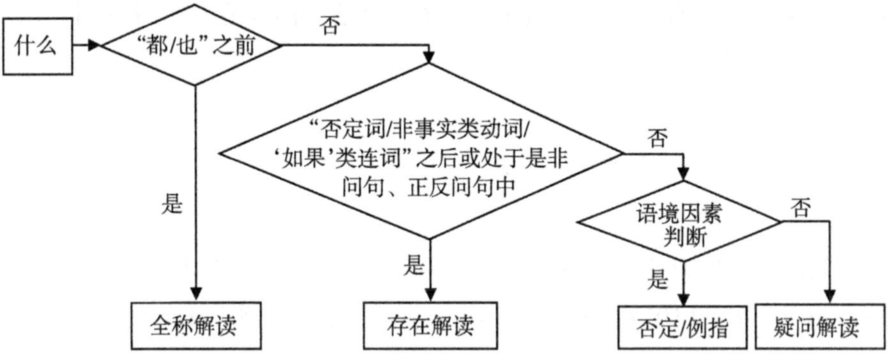

图 3-1 “什么”的语义层级模型

让二语学习者容易理解，部分条件进行了简化，如：若据语言事实，“‘都’之前”应为“被‘都’约束”，因为一般来说，被“都”约束的“什么”会处于“都”之前，但“都”之前的“什么”并非全被“都”约束，如：

(5)什么书他们都买了。/ ?①

例(5)句有两种解读。“都”约束“什么书”时，表全称解读，即“他们买了所有的书”；“都”约束“他们”时，表疑问解读，即询问“他们”买的书的交集，此时“什么书”虽在“都”之前，但并未被“都”约束。

一般来说，在确定句中“什么”的语义解读时，可按图 3-1 从左向右逐步判断。首先，若“什么”处在“都/也”之前时，通常表全称解读。若不是，则进入第二层级。若“什么”处在“否定词/非事实动词/‘如果’类连词”之后或处于是非问句、正反问句中时，通常表存在解读。若不是，则进入第三层级。对“什么”所处的语境进行判断，若符合“什么”表否定或例指的语境，则表相应解读。若不符合，则表疑问解读。如例(3)“昨

① 详见张蕾等(2012)、蒋静忠和潘海华(2013)、牛长伟和程邦雄(2015，2017)对“都”的关联约束与汉语疑问词关系的讨论。

天他**没有**什么东西**都**带走**吗**?”中的“什么”在“都”之前，所以在第一层级，就输出了全称解读，否定词“没有”和是非问句在该句中并未影响“什么”的解读。再如：

(6)昨天他们**都**吃了什么?

例(6)中的“什么”在“都”之后，不符合第一层级的要求，进入第二层级。句中无第二层级要求的句法环境，再进入第三层级。句中亦不符合第三层级中的语用环境，最后输出疑问解读。

值得注意的是，图3-1所示语义层级模型中第三层级的“语境因素判断”应如何判断?表例指的“什么”前或后一般有至少一个或多个同类列举项，句法环境的标记较为明显。而表否定的“什么”完全需要依靠语境来判断，一般可采用上下文语义连贯性的方法来判断，亦可采用删除或替换的方法。如“什么好消息?骗人!”可删除“什么”，变为同义句“好消息?骗人!”;“怕什么!又不是什么大事”可将“什么”替换为否定词，变成同义句“不要怕!又不是什么大事”。

三、“什么”语义层级模型的教学实践

为验证“什么”语义层级模型的教学效果，我们选取了两组学生进行对比，一组是母语为蒙古语的学生，另一组为母语为越南语的学生。教学实践的步骤为：教学前测试(前测)→集中式教学→教学后测试(后测)。

(一)试卷设计

本试卷以获取二语学习者对汉语疑问词“什么”语义层级教学策略的效果为目的。试卷内容为单项选择题，每一道题由三部分构成：情景、被测句、备选项。情景的设计是为了让受试者更好地理解被测句中“什么”的语义，备选项是对应于“什么”的五种解读的同义句。样题如表3-4所示：

表 3-4　　　　**试卷样题**

情　景	图　书　馆	
被测句	小张：今天又来借书了吗？ 小明：今天没借什么书，我来还一些书。	
备选项	A. ？小明今天没借什么书？（疑问）	B. 小明今天没借书。（存在）
	C. 小明今天没借所有的书。（全称）	D. 小明今天借书了。（否定）
	E. 小明没借这些/那些书。（例指）	

表 3-4 中样题的选项为 5 个。有些语句中，一些备选项句子考虑到句子的接受度低，备选项不一定为 5 个，如表 3-4 中的备选项 A，该句的接受度就较差。试卷内容共 40 个选择题，分为五大类，七小类。内容分布如表 3-5 所示：

表 3-5　　　　**试卷内容分类**

“什么”的解读	存在		全称		疑问	否定	例指
	单一环境	复杂环境	单一环境	复杂环境	单一环境	单一环境	单一环境
题目数量	4	4	4	4	8	8	8

试卷中“什么”表存在、全称、疑问、否定和例指解读的句子各 8 个，其中表存在解读和全称解读又分两小类，即单一环境和复杂环境。所谓单一环境，是指“什么”处于表 3-1 所列的一种句法环境中，如例(2a)～例(2c)；复杂环境，是指“什么”处于表 3-1 所列的两种或多种句法环境中，如例(7)：

(7) 昨天他**好像**什么东西**都**带走了。

例(7)中“什么”处在非事实类动词“好像”辖域内，同时也被全称量化词“都”约束。之所以设计 8 个复杂环境(4 个存在、4 个全称)中的“什么”

的解读，是因为此类句子受试者也会遇到，且此类句子更能反映受试者对“什么”语义层级性的掌握情况。

(二)受试者的选择

受试对象分两组，一组是十位母语为越南语的学生，一组是十位母语为蒙古语的学生。① 两组受试者均通过了 HSK 四级，学习汉语时间均在一年半以上。其中十四位受试者是来中国后才开始学习汉语，在所学教材的选项上均选择了《发展汉语(第二版)》；另外六位受试者在来中国前就学习过汉语，来中国后继续学习，在所学教材选项上，除了选择《发展汉语(第二版)》外，还勾选了“其他教材”的选项。第一次测试之前，通过访谈了解了受试者对“什么”语义解读的大致情况，多数受试者表示课堂上学习过“什么”表存在、全称的用法，越南组部分受试者表示知道“什么”表否定和例指的用法，蒙古组多数表示不知道“什么”表否定和例指的用法。

(三)实验过程及结果

在对两组受试者进行教学前，对其进行测试。按照学生国别分别将表 3-5 中的七种环境下“什么”的识别率做统计。统计方法如下：试卷中单一环境下表存在的“什么”的测试题目是 4 道，第一组学生数量为 10 人，那么，该类题目一共为 40 道。将第一组学生答对的相应题目的数量除以 40，即得到了第一组学生对单一环境下表存在解读的“什么”的识别率。以此类推，即得到了该组的前测数据，数据如图 3-2 中(由上向下数)第三条线和第四条线所示。越南组(第三条线)明显高于蒙古组(第四条线)，但两组数据普遍较低。

两组受试者在做完第一次测试后，进行了关于“什么”的语义层级性集

① 20 个受试者均是中国两所高校在读学生(2016 学年至 2017 学年第二学期)，有学位生，也有语言生。由于受试者不在同一学校，测试分两次完成。

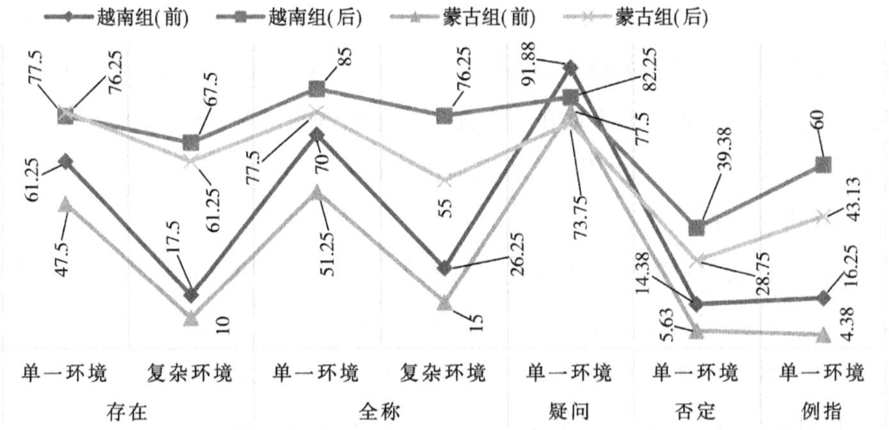

图 3-2 前、后测受试者对“什么”语义解读的识别率(百分比)①

中式教学，教学内容分三部分：①“什么”在表全称、存在解读时，其句法环境的种类以及举例说明，并给出句法环境中涉及的一些常用词语，如非事实类动词——“好像/仿佛/觉得”等，“如果”类连词——“如果/假如/就算”等；②“什么”在表否定和例指时，其语用环境的判断方法，如上下文推断、删减法、替代法等；③复杂环境中“什么”的语义层级模型判断方法。在集中式教学后，重新发放了试卷(题目顺序有变化)，进行教学后测试。按照学生国别分别将表 3-5 中的七种环境下“什么”的识别率做统计，统计方法与前测数据的方法相同，后测数据如图 3-2 中(由上向下数)的第一条线和第二条线所示。越南组(第一条线)仍高于蒙古组(第二条线)，较第一次测试来说，均有不同程度的提高。

(四)实验数据分析

从图 3-2 的实验数据来看，对两组受试者进行“什么”的语义层级模型

① 多选和没选的题目均视为错误。“越南组(前)”和“越南组(后)”分别表示越南组在集中教学前后的测试情况，蒙古组亦是如此。

集中教学前后，有三点值得注意：①前测数据中，越南组对“什么”语义解读的识别率均高于蒙古组；②后测数据中，两组受试者对复杂环境中的“什么”的识别率提升幅度明显高于单一环境(除疑问解读外)；③后测数据中，越南组和蒙古组对表存在、全称、否定和例指的“什么”的识别率均有所提高，而对表疑问的“什么”的识别率均有所下降。接下来，我们尝试对这三点进行解释。

首先，前测数据中，越南组对“什么”语义解读的识别率均高于蒙古组。原因可能有两点：①对外汉语教材中，对“什么”的语义缺少系统性讲解。以多数受试者所学的《发展汉语(第二版)》综合课教材为例，从初级综合(I)到高级综合(II)，涉及汉语疑问词用法的知识点共十处，均分布在初中级水平课堂，具体如表3-6所示：

表3-6　《发展汉语(第二版)》综合课教材中汉语疑问词的知识点分布

疑问词解读	语　法　点	教　　材
疑问解读	用疑问词的疑问句（p. 171）	初级综合(Ⅰ)
存在解读	疑问词虚指：好像/没+疑问词（p. 116）	初级综合(Ⅱ)
	疑问词重复使用：表示虚指（p. 171）	中级综合(Ⅰ)
全称解读	疑问词+也/都（p. 48）	初级综合(Ⅱ)
	怎么也/都+V+不+结果（p. 257）	初级综合(Ⅱ)
	(V)什么(N)都V不+C（p. 55）	中级综合(Ⅰ)
其他解读	V+什么：否定、制止、劝阻（p. 70）	初级综合(Ⅱ)
	怎么V也V不+C：否定（p. 146）	中级综合(Ⅰ)
	爱怎么V就怎么V（p. 8）	中级综合(Ⅱ)
	V/Adj+得+什么似的（p. 37）	中级综合(Ⅱ)

从表3-6可知，受试者在综合课上学习了汉语疑问词的疑问、存在、全称、否定等用法，但这些用法基本以固定句式出现，且未包含影响疑问词解读的全部句法环境，这应是两组受试者对“什么”语义解读识别率普遍不高的

原因之一。②两组受试者受母语迁移影响。越南语中“gì”对应于“什么”，“gì”可表疑问、任指、虚指、否定和例指。据何黎金英(2011：350-379)、阮氏秋恒(2013)、裴辉强(2017)的分析，“gì”在“cũng”(都)前时，表任指；“gì”在“dường như’/hình như’”(好像)后时，再与“đó/đấy”等远指代词匹配后，表虚指；“gì”在“không/chẳng(不/没)”之后，也表虚指；“gì”独用时，后加“hả/cơ”等语气词，可表示惊讶或否定。同样也有类似于“V/A+什么+V/A”句式表否定，“gì”在插入句式时，后需加“mà”，即“V/A+gì mà+V/A”。“gì”表例指时，一般出现在列举项后，与远指代词“đấy/đó”同现。而在蒙古语中，“юу”对应于“什么”的疑问用法，并无非疑问用法(来咏梅，2008：23)。可见，“什么”的语义解读与越南语中的“gì”相近，而与蒙古语中的“юу”不同。由于母语迁移，致使越南组对“什么”语义解读的识别率高于蒙古组。

其次，后测数据中，两组受试者对复杂环境中的“什么”的识别率提升幅度明显高于单一环境(除疑问解读外)。无论是在两组受试者的母语中，还是在其学习汉语的过程中，并未学习或留意复杂环境中“什么”的语义解读，所以前测时，对其识别率普遍较低。而后测时，对该知识点有所掌握，所以识别率提升幅度较大。

最后，后测数据中，越南组和蒙古组对表存在、全称、否定和例指的“什么”的识别率均有所提高，而对表疑问的“什么”的识别率却有所下降。受试者在对“什么”表否定、例指的语境判断上产生了困惑，导致其在“什么”的语义层级模型(即图3-1)的第三步上出现了判断失误，将本该表疑问的“什么”理解成了表否定或例指的“什么”，因此导致表疑问解读的“什么”的识别率下降。这也说明受试者在学习的语义选项越多时，尤其是两者不能用显性句法环境区分时，反而会影响其已有的判断能力。

四、“什么”的语义层级教学策略的意义

“什么”语义层级模型被应用于二语教学，我们将其称为“‘什么’的语义层级教学策略”，其研究目的是让汉语二语学习者能更好地掌握汉语疑

问词的语义解读，本节所进行的两次关于“什么”语义解读的识别率测试，在二语教学和二语习得领域有一定的现实意义和理论意义。

（一）提供“什么”类疑问词的教学方案

在汉语二语教材中，关于汉语疑问词语义解读的专题语法很少，一般是以固定的句式进行分散式教学，比如表3-6中所列的《发展汉语（第二版）》综合课教材关于疑问词的知识点。当然，对初学者来说，固定句式的教学应该是效率最高的，但到了中高级水平后，有必要对二语学习者进行汉语疑问词用法的系统讲解。在一般会话中，汉语二语学习者也常会遇到表否定和例指的“什么”，若忽视此类用法，日常交流产生误解的概率就很大。“什么”的语义层级教学策略虽只是汉语疑问词的一个代表性策略，但若能掌握它，其他汉语疑问词的教学也将会变得容易。

（二）“界面假说”的一个佐证

近年来，语言习得领域的“界面假说”（Interface Hypothesis）引起了多位学者的关注和讨论。该理论认为，语言由多个模块构成，分为语音、语义、句法、篇章语用等，这些模块的交界处就是所谓的“界面”（该“界面”与前文所提“层面”内涵一致），语言习得的瓶颈往往体现在这些界面上。Tsimpli和Sorace（2006）区分了句法—语义界面和句法—语用界面。前者属于语法内部知识，是内部界面；后者属于外部认知世界的认识，是外部界面。Sorace和Filiaci（2006）认为，内部界面能够完全习得，而外部界面不能够完全习得，这就是“界面假说”论断。而后很多学者对此论断进行了实证研究，有反对亦有赞成。White（2011）总结到，虽然对界面假说看法不同，但是共识还是有的，即外部界面对高级阶段的习得造成很大的困难，这些困难所带来的习得障碍可以作为区分二语学习者语言水平的一个指标。

“界面假说”可用来解释儿童和成人二语习得在达到母语水平前的不完全习得现象。越南组和蒙古组在习得“什么”的语义解读时，越南组对“什么”的五种解读的识别率明显高于蒙古组，说明母语迁移在二语的句法—

语义界面和句法—语用界面均存在一定程度的影响。前测和后测数据显示，两组受试者对“什么”复杂环境中的存在、全称解读的识别率有明显进步，说明即使是复杂的句法环境，句法—语义界面的语法规则也是可以被快速掌握的。再来看两组受试者在前测和后测中对“什么”通用解读和特殊解读的识别率，通用解读识别率均明显高于特殊解读识别率，这也反映了汉语二语学习者对句法—语用界面的知识习得有难度。表例指的“什么”的句法环境标记显著度较表否定的“什么”要明显，这在两者的识别率上也有所体现，前者识别率高于后者。这意味着，即使是句法—语用界面，若有可循的显性句法标记，习得难度也会大大降低。汉语二语学习者倾向于寻找句中影响“什么”解读的显性句法环境标记来确定其语义解读，而不愿通过上下文推断、删减或替代等方法来判断，这应该与中介语加工的计算复杂性有关。

五、结语

“什么”的语义层级教学策略是对母语为越南语和蒙古语两组受试者是否能快速掌握该类汉语疑问词用法的一次尝试。越南组由于受母语疑问词的影响，在习得“什么”的五种解读时普遍高于蒙古组。两组受试者在习得“什么”通用解读时要比习得特殊解读快，而在两种特殊解读中，句法环境标记明显的例指用法的学习效率要明显高于句法环境标记弱的否定用法。这一教学策略的实践对两组受试者在全面掌握“什么”的语义解读方面有明显的促进作用，但也会带来相反的效果，如集中教学后，“什么”表否定的识别率升高了，但表疑问的识别率却降低了，这也说明句法—语用界面的问题可能会影响到已习得的句法—语义界面的语法规则。

第二节 “怎么”的教学策略

“怎么”作为义项最多的现代汉语疑问词之一，也是汉语二语教学中的难点。“怎么”的多义性是汉语二语学习者习得的难点，同样也是国际中文教师讲解的难点。如何才能将“怎么”的各个义项分层次地讲授给汉语二语学习者，这将是本节所关注的话题。接下来，我们从“怎么”的语义分析入手，通过选取汉语二语学习者作为被试来进行“怎么”的教学策略的实证研究。

一、“怎么”的多义性

“怎么”是现代汉语中为数不多的可作状语、谓语、定语的疑问词，其语义解读呈现多义性。“怎么”表疑问解读时可作状语，询问方式(例8a)和原因(例8b)；作定语时，询问性状(例8c)；作谓语时，询问状况(例8d)。除表疑问解读外，“怎么”还具有汉语疑问词另外两种通用解读——存在解读(例8e)和全称解读(例8f)(吕叔湘，1999：651-652)。全称解读也被称为任指，表示周遍性，即表示在所涉及的范围之内没有例外(朱德熙，1982：93)；存在解读也被称为虚指，即指称不知道或者说不出来的人、事物、处所、时间等(朱德熙，1982：93-94)。

(8)a. 这事我该怎么去跟他说？(吕叔湘，1999：651)
b. 小李怎么没报名？(同上)
c. 大家都想看看新来的老杨是怎么一个人？(同上)
d. 你怎么啦？(吕叔湘，1999：652)
e. 学会一门技术也并不怎么难。① (同上)
f. 怎么修都修不好。(同上)

句中“怎么”应被识别为何种解读，对汉语二语学习者来说并非易事。HSK动态作文语料库②中，“怎么”共有3263条③，其中恰当使用四种解读

① 吕叔湘(1999：652)将(1d)分析为表示一定程度，略同于“很”而较轻。本节认为该用法其实就是疑问词的存在解读，详解见后文分析。

② http：//hsk. blcu. edu. cn/。

③ 2018年6月22日统计(当时HSK动态作文语料库指BCC中HSK语料，http：//bcc. blcu. edu. cn/)。

的数量很少，仅占4%，表全称解读的65例(“也”类60例，“都”类5例)，表存在解读的53例(“不怎么”类)，询问状况的7例，询问性状的仅5例。在汉语二语教学中，“怎么”的多义教学问题也是教学难点。赵金铭(2018)强调语言教学需要讲解语法，最大的挑战在于找到有效的方法。我们尝试给多义疑问词“怎么”建立面向汉语二语教学的语义识别模型，将各义项形式化、层级化地应用于课堂教学，这也是一种教学语法的探索。

本节尝试在前人研究的基础上总结“怎么”的各项语义解读所处的句法环境，确定各类句法环境间的等级排列关系，提出“怎么”的多义识别模型。然后以高级二语学习者为教学对象，通过“怎么”多义识别模型的教学，分析实验组和对照组对单一句法环境和复杂句法环境中“怎么”的语义识别情况，以此来验证该多义识别模型在汉语二语教学中的可行性。

二、“怎么”的多义识别模型构建

“怎么”的语义解读大致可分为三类：疑问解读、存在解读和全称解读，也就是现代汉语疑问词的三类通用解读，只是“怎么”的疑问解读包括询问方式、原因、性状、状况四种。形式语义学派针对现代汉语疑问词的三类通用解读提出过理论假设，即汉语疑问词是自由变量，其表现何种解读取决于约束它的算子。疑问词受疑问算子约束时，表疑问解读；疑问词出现在受约环境中时，表存在解读；疑问词受全称类算子约束时，表全称解读(Cheng，1991：123；Lin，1998)。接下来，我们在综述前人对“怎么”三类解读的研究后，以此理论假设为基础，将影响“怎么”的句法环境分类排序，最后提出“怎么”的多义识别模型。

(一)表疑问解读的“怎么”

1. 作状语的“怎么”

“怎么”表疑问作状语时，可询问方式、原因。吕叔湘(1999：651)提出：①怎么+动，询问方式，动词不用否定式；②怎么+动/形，询问原因，动词、形容词可以用否定式。这样的语法规则虽可以区分部分询问方式和原因的“怎么”，但在汉语二语教学中使用还显得不够细化，且部分语句也未被覆盖，如：

(9) a. 你怎么去的？
　　b. 你怎么去了？

例(9)中两个“怎么”均处于动词“去”前，后均为肯定式，例(9a)询问方式，例(9b)询问原因，若按吕文中①和②来区分，显然还不够。邵敬敏(1996：49-52)对“怎么”作状语的两种语法意义进行过细致的描写。“怎么+NP+VP?”只能询问原因；“NP+怎么+VP?”和“怎么+VP?”可询问原因，也可询问方式。当VP开头有助动词“会/能/肯/放/要/可以”或副词“还/也/又/再/老”等出现，VP末尾有语气词“了”，VP为否定式，或VP为形容词且前有“这么/那么/这样/那样”修饰时，“怎么”询问原因；当VP前有“究竟/到底”等副词，或VP末尾有语气词“的”时，“怎么”询问方式。这样的语法规则很细致，但仍未覆盖“怎么”出现在复杂句法环境中，以及“怎么”后出现“个”时的语义解读，如：

(10) a. 究竟怎么会发生的？——意外。(CCL①)
　　b. 借还是自筹，怎么个借法？(CCL)

例(10a)中的“怎么”处于副词“究竟”之后，VP末尾有语气词“的”，看似应询问方式。但事实是，该句中处于“怎么”之后的情态助动词“会”决定了“怎么”只可询问原因，而非方式。例(10b)中“怎么”处于“个”之前，表方式。肖治野(2009)将“怎么”询问方式的句式分为三类：①S+怎么+VP；②S+(是)+怎么+VP+的；③S+怎么+(个)+V法。将“怎么”询问原因的句式也分为三类：①S+怎么+[Z]+VP；②怎么+S+[Z]+VP；③怎么，

① http://ccl.pku.edu.cn:8080/ccl_corpus/。

S+[Z]+VP。肖文中“S”指主语，“[Z]”可以是“不、就、才、又”等各类副词，也可以是表示时间、地点、比较、关涉等的各类短语甚至小句。肖文的总结比较全面，包括了例(9)和例(10)的情况，但在汉语二语教学中，如此讲解又不够简练，尤其是“[Z]”的表达不够具化。

高级二语学习者在识别句中表疑问作状语的“怎么”的语义解读时，其实可通过排除法，先排除其是否询问方式，若不是，则是询问原因。在确定“怎么”是否询问方式时，可套用此句式，即“怎么+(个)+VP+(＊了)”。若与此句式一致，则“怎么”一般询问方式；若不一致，则一般询问原因。如例(8a)、例(8b)、例(9a)、例(9b)、例(10a)、例(10b)均可用此法判断其询问方式还是询问原因。

2. 作定语的“怎么”

“怎么”表疑问作定语时，表性状，如例(8c)。吕叔湘(1999：651)将此用法总结为“怎么+(一)+量+名”，意思和“一+量+什么+名”差不多，量词常用“个、回”，名词多为“人、东西、事”。该句式与肖治野(2009)提到的“S+怎么+(个)+V法”相似，即例(10b)。其实两者之间“怎么”所修饰的成分是不同的，例(10b)中的“怎么”修饰动词“借”，而非名词“法”；例(8c)中“怎么”修饰名词“人”。

高级二语学习者在识别表疑问作定语的“怎么”时，可通过句式“怎么+(一)+个/回+人/东西/事”来识别此种语义解读。

3. 作谓语的“怎么”

“怎么”表疑问作谓语时，表状况，如例(8d)。吕叔湘(1999：652)发现，此种用法句末用“了、啦”，基本涵盖了这类用法的所有语句。高级二语学习者在识别此种语义解读时，可通过句式“怎么+了/啦”来完成识别。

4. 小结

“怎么”表疑问时，作状语、定语和谓语的句法环境有的标记性强，有的标记性弱。接下来，我们按照句法环境“标记性强→标记性弱”的顺序来梳理一下“怎么”表疑问时的语义识别步骤：

①如果符合“怎么+了/啦”句式，则询问状况；

②如果符合“怎么+(一)+个/回+人/东西/事”，则询问性状；

③如果符合“怎么+(个)+VP+(＊了)”，则询问方式；

④其他的“怎么”，询问原因。

判断顺序从①至④，依次进行。这一判断方法是建立在“怎么”表疑问的基础上来进行的，也就是说，①②③的句式中的“怎么”也有可能表存在、全称解读。如例(8f)“怎么修都修不好”，此时虽符合③的句式，但此时“怎么”表全称解读。接下来，我们看表存在解读和全称解读的“怎么”。

(二)表存在解读的“怎么”

吕叔湘(1999：651)指出，“怎么”可用于虚指。也就是存在解读。一般来说，现代汉语疑问词表存在解读时会出现在真值不确定环境和否定环境中(牛长伟，2017：104-106)。真值不确定环境是指句中的真值不能被完全确定，一般指出现在问句、非事实类动词(non-factive verb)(Huang，1982：423)辖域内、“如果”类动词辖域内。否定环境是指被否定词(Neg.)统制(c-command)。按此思路，可以尝试总结“怎么”表存在解读时所出现的句法环境。如：

(11)a. 你没想出怎么个解决办法吗？(吕叔湘，1999：651)

b. 你想没想出怎么个解决办法？

c. 他自己觉得好像怎么自己在动。(MLC①)

d. 如果上边怎么讲，下边照本宣科大而化之地简单往下贯……(CCL)

e. 他刚学，还不怎么会唱。(吕叔湘，1999：652)

例(11a)和例(11b)分别为是非问句和正反问句，例(11c)中“好像”属于非事实类动词，连同例(11d)中“如果”类连词可概括为真值不确定环境。

① http：//ling. cuc. edu. cn/RawPub/。

例(11e)中“怎么”处于否定词“不”之后，被否定词统制(Li，1992)，可概括为否定环境。例(11)中“怎么”均表存在解读，相当于英语中的“somehow”。吕叔湘(1999：652)认为例(11e)中的“怎么”表示一定程度，略同于“很”而较轻，“怎么”的作用在于减弱“不”的力量，语气比较委婉，没有“他刚学，还不会唱”语气坚决。其实，从形式语义学的角度来看，“表示一定程度”即存在解读，例(11e)中“怎么”的作用类似于例(12a)中的“什么”，如：

(12)a. 他没买什么书。

b. 他没买书。

例(12a)中的“什么”表存在解读，同样是在减弱“没”的力量，语气较例(12b)委婉。此例也可类推出例(11e)中的“怎么”应是表存在解读。

“怎么”表存在解读时与其他汉语疑问词所处的句法环境是一致的，即真值不确定环境和否定环境。

(三)表全称解读的“怎么”

吕叔湘(1999：651-652)指出，“怎么”可用于任指，后面常用“也/都”呼应。所谓任指也就是全称解读，“怎么”表全称解读时，必须处于“都/也”之前，被其约束才行，但处于“都/也”之前的“怎么”不全表全称解读，如：

(13)a. 你怎么也不替一下我？(CCL)

b. 他怎么也不替一下我。①

c. 你们怎么都不讲烟台话了？(CCL)

① 当然，例(13b)中的“也”也可关联约束“他”，此时也需要有上下文语境才成立，与例(13a)解释一致。

d. 他们怎么都不讲烟台话了。

例(13a)中的"也"关联约束"你"，此时必须有上下文语境才成立，意思是：其他人不替我也就算了，你为什么也不替我一下？此时"怎么"表疑问解读，询问原因。例(13b)中的"也"可关联约束"怎么"，意思是：各种办法都试过了，他就是不替我一下。此时"怎么"才表全称解读。同样地，例(13c)中的"都"关联约束"你们"，意思是：你们为什么都不讲烟台话了？此时"怎么"表疑问解读，询问原因。例(13d)中的"都"可关联约束"怎么"，该句意思是：不管发生什么，他们都不再讲烟台话了。此时"怎么"才表全称解读。"都"为典型的全称量化词(潘海华，2006；蒋静忠、潘海华，2013)，"也"为类同副词(马真，1982，2014)，两者均可归为全称类算子(牛长伟、程邦雄，2017)。通常来说，被"都/也"约束的"怎么"均处于"都/也"之前，但例(13a)和例(13c)较为特殊，由于主语为第二人称"你/你们"，句子倾向于疑问句，此时"都"和"也"实际上并未关联约束"怎么"。

那么，如何确定"都/也"的关联项是疑问词"怎么"，还是非疑问成分呢？我们引入重音参数，可以解决这一问题。牛长伟和程邦雄(2015)曾讨论过"都"的关联次序，即：当"都"不被重读时，其倾向于左向关联约束疑问词，疑问词表全称解读；当"都"被重读时，其倾向于左向关联约束非疑问成分，疑问词表疑问解读。其实，"也"同样适用于该关联次序。例(13b)中，若"也"不被重读，则倾向于关联约束"怎么"，"怎么"表全称解读；若"也"被重读，则倾向于关联约束"他"，激活上下文语境中的同类项，"怎么"也就表疑问解读。同样地，例(13d)中，若"都"不被重读，则倾向于关联约束"怎么"，"怎么"表全称解读；若"都"被重读，则关联"他们"，"怎么"表疑问解读。

(四)"怎么"的多义识别模型

在前人研究的基础上，"怎么"的三类语义解读所处的句法环境可以用

表 3-7 进行总结：

表 3-7 **“怎么”的语义解读类型及其所处句法环境**

<table>
<tr><th colspan="2">语义解读类型</th><th colspan="2">句法环境</th><th>例句</th></tr>
<tr><td colspan="2" rowspan="5">存在解读</td><td>否定环境</td><td>被否定词统制</td><td>(8e、11e)</td></tr>
<tr><td rowspan="4">真值不确定环境</td><td>是非问句</td><td>(11a)</td></tr>
<tr><td>正反问句</td><td>(11b)</td></tr>
<tr><td>“如果”类连词后</td><td>(11d)</td></tr>
<tr><td>非事实类动词辖域内</td><td>(11c)</td></tr>
<tr><td colspan="2" rowspan="2">全称解读</td><td rowspan="2">全称类算子约束</td><td>被“都”约束</td><td>(8f、13d)</td></tr>
<tr><td>被“也”约束</td><td>(13b)</td></tr>
<tr><td rowspan="4">疑问解读</td><td>询问状况</td><td rowspan="4">疑问算子约束</td><td>怎么+了/啦</td><td>(8d)</td></tr>
<tr><td>询问性状</td><td>怎么+(一)+个/回+人/东西/事</td><td>(8c)</td></tr>
<tr><td>询问方式</td><td>怎么+(个)+VP+(*了)</td><td>(8a、9a、10b)</td></tr>
<tr><td>询问原因</td><td>其他类句法环境</td><td>(8b、9b、10a)</td></tr>
</table>

上表总结了单一句法环境中“怎么”的语义解读，但为了得出“怎么”的多义识别模型，还需验证“怎么”处于复杂句法环境中的语义解读。我们采用“两两句法环境相加”的方式，通过语感来测试“怎么”处于复杂句法环境中的优势解读，如：

(14)a. 你没想出怎么个解决办法吗？(吕叔湘，1999：651)[否定+疑问算子=存在]

b. 你好像不怎么反感他了。(CCL)[否定+真值不确定=存在]

c. 现而今连这里也不怎么都变了样儿。(CCL)① [否定+全称类算子=全称]

---

① 该句接受度虽不高，但语料库中存在这类句子。如 BCC 中，“阿迪一个人躺在了床上，却不怎么都睡不着。”“不怎么也得另凑出五百美元才行。”

d. 好像怎么挤都挤不出来。(CCL) [真值不确定+全称类算子=全称]

例(14a)的优势解读是存在解读，说明否定环境决定了“怎么”的语义解读，那么被疑问算子约束的环境的等级应低于否定环境。例(14b)的优势解读也是存在解读，说明否定环境与真值不确定环境均起了作用，两者应属于同一等级。例(14c)和例(14d)的优势解读均是全称解读，说明全称类算子在起作用，那么全称类算子约束的环境的等级要高于否定环境和真值不确定的环境。自此，我们可以得出影响“怎么”语义解读的句法环境的等级排列顺序，即：全称类算子约束的环境≫否定环境/真值不确定环境≫疑问算子约束的环境。

在构建“怎么”的多义识别模型时，应先从等级高的句法环境入手，等级最低的句法环境作为默认值输出。也就是说，全称类算子约束的句法环境处于第一层级，否定环境和真值不确定环境处于第二层级，疑问算子约束的环境处于第三层级。值得注意的是，表疑问解读的“怎么”分为询问方式、原因、性状、状况，此时可从句法环境标记简单的语义解读入手，即前文“(一)表疑问解读的‘怎么’”中的小结部分所总结的，先确定是否询问状况，再确定是否询问性状，然后确定是否询问方式，最后将询问原因的“怎么”作为默认值输出。“怎么”的多义识别模型如图3-3(见下页)所示。

如图3-3所示，识别“怎么”的语义解读大致可分为三大步，首先确定“怎么”是否为全称解读①，再确定是否为存在解读，然后确定是否为疑问

① 关于第一步的可操作性，假设第一步引入语调来判断“怎么”是疑问用法还是非疑问用法，这里涉及语调的判断，干红梅(2005)提及特指问句和反问句对二语学习者来说识别难度是最大的，同属升调，而特指问句和反问句中的“怎么”的解读是不同的。如：“李阿姨难道不怎么看电视的?”(BCC)，反问句，语调升调，“怎么”表存在解读。“不是怎么都无所谓了吗?”(BCC)，反问句，语调升调，“怎么”表全称解读。包括是非问句中的“怎么”，如：他怎么都不回去吗?(BCC)，是非问句，语调升调，“怎么”表全称解读。综合考虑，第一步先排除“怎么”表全称解读和存在解读后，再确定其疑问解读的类别，应该是最佳的语义识别路径。

解读，最后确定其疑问解读的类别。

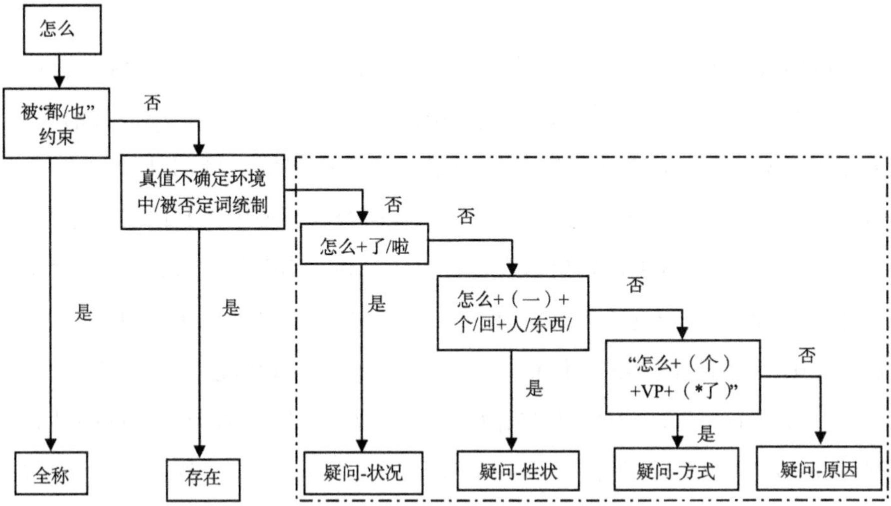

图 3-3 “怎么”的多义识别模型①

一般来说，在确定句中“怎么”的语义解读时，可按图 3-3 从左向右依次判断。当“怎么”被“都/也”约束时，表全称解读；若不是，则进入下一步。若处在真值不确定环境中或被否定词统制，则表存在解读；若不是，则进入下一步。若与“怎么+了/啦”句式一致，则询问状况；若与“怎么+(一)+个/回+人/东西”一致，则询问性状；若与“怎么+(个)+VP+(*了)”句式一致，则询问方式；若不一致，则询问原因。如：

(15) a. 这件事好像怎么办都不行。

b. 这件事好像不怎么好办。

c. 你怎么了？

d. 这是怎么一回事？

① 图 3-3 虚线部分不具有严格的层级关系，是靠句法环境标记性强弱给出的语义识别途径。

e. 这件事怎么办才行？

f. 这件事怎么不能办？

例(15a)中“怎么”前虽有非事实类动词“好像”，但后有全称类算子“都”，由于全称类算子约束的环境等级高于真值不确定的环境，其语义解读在图3-3中第一大步就可以被识别出，表全称解读。例(15b)中“怎么”前有“好像”和“不”，处于真值不确定环境和否定环境中，其语义解读在图3-3中第二大步即可被识别出，表存在解读。例(15c)中“怎么”没有被“都/也”约束，也未处于真值不确定和否定环境中，但与“怎么+了/啦”句式一致，在第三大步(图3-3虚线框内)可被识别，询问状况。例(15d)中“怎么”与“怎么+(一)+个/回+人/东西”句式一致，很容易被识别，询问性状。例(15e)中“怎么”与“怎么+(个)+VP+(＊了)”句式一致，在第三大步可被识别，询问方式。例(15f)中“怎么”与图3-3中所示的句法环境和句式均不相符，最后被输出，询问原因。

需要注意的是，在汉语二语教学中，诸如“约束”“统制”“辖域”等层级结构词语，二语学习者理解起来较难，实际操作时，可从语序上的线性结构来判断。如：被约束项通常处于全称类算子之前，被统制项通常处于否定词之后，词项的辖域通常指其右侧。当然，语序仅可概括一般情况，有时也会出现歧义，如例(13b)和例(13d)中“怎么”可表疑问，也可表全称。此时需要引入重音参数帮助识别全称类算子的关联倾向，当“都/也”不被重读时，其倾向于左向关联疑问词“怎么”，使其表全称解读；当“都/也”被重读时，其倾向于左向关联非疑问成分，“怎么”表疑问解读。

三、“怎么”多义识别模型的二语教学应用

为验证“怎么”多义识别模型在汉语二语教学中的效果，我们选取了两组学生来测试他们对“怎么”的语义的掌握情况，一组为实验组，一组为对照组。实验步骤为：两组被试进行语言能力评估→对实验组进行集中式语法教学→五天后对两组被试进行关于“怎么”语义识别的测试。

（一）被试者情况

被试者由18名汉语二语学习者组成，其中韩国籍10名，蒙古籍5名，俄罗斯籍3名。韩国学生是韩国某大学汉语系大四学生，蒙古学生是武汉高校中文授课非汉语专业研究生，其中2名学生已获汉语国际教育硕士学位；俄罗斯学生是武汉高校中文授课非汉语专业学生。被试者中有3名韩国学生通过了HSK5级，其他均通过了HSK4级①，学习汉语年限为3年至5年。18名被试者平均划分为实验组（韩国籍5名，蒙古籍3名，俄罗斯籍1名）和对照组（韩国籍5名，蒙古籍2名，俄罗斯籍2名），从两组被试的HSK5级课程②期末成绩（HSK5级模拟考试，满分300分）来看，实验组和对照组的平均分为214.89分和215.89分，做独立样本T检验（SPSS Statistics 20），方差齐性检验无显著差异（Sig. 值0.689），p值为0.941，大于0.05，两组被试者HSK5级模拟成绩没有显著差异，我们以此推断两组被试者汉语能力相对一致。

（二）对两组被试的操作

对实验组进行关于“怎么”多义识别模型的集中式教学，讲解“怎么”六种语义解读对应的句法环境。教学要点如下：

①“怎么”后出现非重读的“都/也”时，一般表全称解读；

②“怎么”前出现“不/没”等否定词、句末出现“吗”（是非问句）、句中出现“V+Neg. +V”（正反问句）、处于“如果”类词后或非事实类动词后，一般表存在解读；

---

① 由于非汉语专业学生不要求通过HSK5级，根据课堂表现，其汉语水平实际上要高于HSK4级。

② 该课程为高校设置的HSK5级课程，必修课，24课时（每周3课时，共8周），由于与韩国某大学交换生的学分互认协议，通过HSK5级的学生也需参加HSK5级课程期末考试，才能获得相应学分。

③“怎么+了/啦”中的“怎么”一般询问状况；

④“怎么+(一)+个/回+人/东西”中的“怎么”一般询问性状；

⑤“怎么+(个)+VP+(＊了)”中的“怎么”一般询问方式；

⑥其他类句法环境中，“怎么”一般询问原因；

⑦在判断“怎么”的语义解读时，应按从①至⑥顺序进行。

以上各规则结合例句进行教学，并给出了②中提到的词类，如非事实类动词——“好像/仿佛/觉得/貌似”等，“如果”类连词——“如果/假如/就算”等。

在对实验组进行集中式教学时，对照组无此操作。五天后，对两组被试者进行测试。

(三)测试内容

测试以笔试形式进行，试卷由40个选择题组成，每道题由情景、被测句、选项三部分构成，要求30分钟内完成。情景的设置是为了让被试者更好地理解被测句中“怎么”的语义解读，被测句中含有“怎么”，句末标点被略去①，要求被试者在6个选项中选出与被测句同义的选项，备选的6个选项分别对应于“怎么”的6种语义解读，即全称、存在、疑问-状况、疑问-性状、疑问-方式、疑问-原因。样题如表3-8所示：

表3-8 测试样题

情景	食堂
被测句	他怎么也不吃牛肉面②

① 被测句省去标点，相当于删减了语调参数。比如，问号虽有助于受试者判断句子的类型，但反问句、是非问句、特指问句中的“怎么”的语义解读表现却不同。另外一类句子，句末虽为句号，但“怎么”仍表疑问，如：“她想知道他怎么会娶她。”(BCC)句中“怎么”表疑问解读，询问原因。所以省去标点，对判断“怎么”的语义解读影响不大。

② 加着重号表示该字被重读。

续表

情 景	食 堂	
选项	A. 他就是不吃牛肉面。 [全称]	B. 他以某种方式不吃牛肉面。 [存在]
	C. 他怎么了？不吃牛肉面。 [疑问-状况]	D. 他是一个什么样的人？不吃牛肉面。 [疑问-性状]
	E. 他以什么方式不吃牛肉面？ [疑问-方式]	F. 他为什么也不吃牛肉面？ [疑问-原因]

试卷中 40 个选择题，内容包括单一环境下“怎么”表全称、存在、疑问-状况、疑问-性状、疑问-方式、疑问-原因的题目各 5 道，考查被试者对“怎么”6 种语义解读及其所处句法环境的识别情况，复杂环境下“怎么”表存在、全称的题目各 5 道，考查被试者对复杂环境下“怎么”的语义层级的掌握情况。

(四)测试结果及分析

两组被试者测试结果(满分 40 分①)如表 3-9 所示：

表 3-9 **测试成绩**

组别	被试者成绩分布								
实验组	18	30	34	35	27	29	28	26	19
对照组	12	25	20	17	13	25	18	14	17

表 3-9 中，实验组成绩均值(27.3)明显高于对照组(17.9)。对上表做独立样本 T 检验，p 值为 0.002，小于 0.05，两组成绩具有显著差异。另外，以实验组 9 个被试者对 6 种语义解读的单项识别做统计，每类解读的

① 多选和没选的题目均视为错误。

题目为45个(9份试卷，每份试卷各类解读均为5个），分别统计正确率，以此来看被试者对“怎么”的6类语义解读的识别难度，结果如下：存在-复杂>全称-复杂>疑问-原因>存在-单一>全称-单一>疑问-方式>疑问-性状>疑问-状况。就非疑问解读而言，存在解读的识别难度大于全称解读的难度，复杂环境大于单一环境。存在解读标记性没有全称解读强，复杂环境中的识别需要考虑语义层级关系。从疑问解读来看，句法环境标记性弱的识别难度大于句法环境标记性强的难度。“怎么”询问状况时，句式单一，标记性最强，最容易识别；“怎么”询问原因时，图3-3中作为默认值最后一步输出，识别步骤越多，误判率越大，识别越难。

针对高级二语学习者来说，就某一语法点进行系统的归纳讲解，有利于其形成完整的语法知识体系。对18名汉语二语学习者的教学实践表明，“怎么”的多义识别模型可以有效地提高其对句中“怎么”语义解读的识别能力。

四、结语

“怎么”的多义识别模型为高级汉语二语学习者提供了一种语义识别策略。在汉语二语教学中，“怎么”的用法较难讲解，该识别模型也仅是从汉语的语言事实给出了大致的语法规则。在集中教学中，部分要点的表达也并不严谨，例如，仅让学生根据“怎么”的句法位置来判断其是否被否定词统制、被“都/也”约束，并不严谨，另外还要考虑主从句等因素，这样的教学策略也是一种折中的教学策略。

第三节　“什么”类体词性疑问词的中介语偏误

现代汉语疑问词的教学策略往往可以通过教学实践来验证，比如本章第一节和第二节关于“什么”和“怎么”的教学策略研究。然而，还有一类资料有助于我们了解汉语二语学习者的习得规律，那就是中介语语料库。接下来，我们通过 BCC 语料库中的 HSK 语料①来对“什么”类体词性疑问词的中介语偏误进行研究，并提出相应的教学对策。

一、“什么”类体词性疑问词的语义及以往研究

现代汉语中“什么(+NP)、谁”等体词性疑问词可表疑问义②，也可表存在义(虚指)、全称义(任指)。如：

(16) a. 他读过什么书？(疑问义)
b. 他没读什么书。(存在义)
c. 他什么书都读过。(全称义)

二语习得领域也对“什么”类体词性疑问词的二语习得情况有所关注，并进行了实证研究。Yuan(2010)让以母语为英语的学习者对表疑问义、全称义和存在义(existential polarity words)的“什么”进行阅读判断，发现高级组能够接受非事实类动词(non-factive verbs)赋值给“什么”存在义的句子，说明这类句法与其他认知领域之间的界面特征在较晚的习得阶段可以在汉语二语语法中建立起来。史静儿和赵杨(2014)通过可接受性判断测试考察了高级水平学习者对疑问词虚指用法的习得情况，学习者对否定词、猜测副词、条件连词和“吗”作允准语的疑问词虚指用法表现与母语者一致，但对表推理的句末助词“了”表现不确定性。马志刚(2017)分析了“什么”类代词三种指称义的中介语句法实现程度，疑问义习得无障碍，存在义习得受制于否定范畴，全称义的左向量化受制于学习者母语类型学特征，全称义的右向量化涉及因素较多。前人的研究针对“什么”类代词的某一种或多种语义进行了实证研究，考查了学习者在习得的难易程度以及构建相关二

① 目前，BCC 语料库中的 HSK 语料(http://bcc.blcu.edu.cn/hsk)已迁移至 HSK 动态作文语料库(http://hsk.blcu.edu.cn/)。

② 本节中“疑问义”“存在义”“全称义”对应于前文所提“疑问解读”“存在解读”“全称解读”。

语语法的阶段。但少有人从中介语语料的角度对这类代词的偏误进行考查，其实对偏误成因的剖析有利于制定针对性的教学对策。

鉴于此，本节在对BCC中HSK语料以及高级二语学习者中文写作中遇到的“什么”类体词性疑问词的用法偏误进行分类，然后从形式语义及优选视角对这类代词的语义与层级关系进行分析，最后提出阶段性的教学对策。

二、“什么”类体词性疑问词的偏误类型及成因分析

在我们查阅的中介语语料中，汉语二语学习者使用“什么”类体词性疑问词的各类用法的意识较强，除常见疑问义外，存在义、全称义的用例也不少，但偏误主要集中在后两种语义上。以“什么”“谁”为例，共搜得相关偏误126例，其中“什么”85例，“谁”41例。按照鲁健骥(1994)对外国人学习汉语的语法偏误分类来看，“什么”类代词的使用偏误可分为副词遗漏、代词误代、副词误代、标点误代四种。

(一)偏误类型

1. 副词遗漏

“什么”表全称义时，之后需要带“都/也”之类的副词。这类副词一旦缺省，“什么”的语义解读将会发生变化。常见偏误如：

(17) a. *他是比什么更重要的一个生命。

<他是比什么都更重要的一个生命。>①

b. *让你们觉得我对什么不满。

<让你们觉得我对什么都不满。>

c. *谁不能决定你的一生。

<谁也不能决定你的一生。>

① <>内句子为正确的句子，下同。

例(17a)和例(17b)中“什么”之后缺少副词“都”，例(17c)中“谁”之后缺少“也”。这种偏误可能表明汉语二语学习者在习得“什么”的全称义时，认为“什么”“谁”是使用自由的多义词，毋须考虑与之相关的句法环境。

2. 代词误代

“什么”的全称义和存在义需要特定的句法环境才能触发其此类语义。常见偏误如：

(18)a. ＊他从小一直教我们关于棒球的什么事。

<他从小一直教我们关于棒球的一切。>

b. ＊北京也有樱花，今年我的学生们去什么公园看。

<北京也有樱花，今年我的学生们去一些公园看了。>

c. ＊谁问我：“你家里肯定没有‘代沟’问题吧！”

<有人问我：“你家里肯定没有‘代沟’问题吧！”>

例(18a)和例(18b)中的“什么”应分别替换为“一切”和“一些”，例(18c)中的“谁”应替换为“有人”。这种偏误与副词遗漏类似，汉语二语学习者将“什么”“谁”当作了使用自由的多义词。

3. 副词误代

“都”“也”之前的“什么”虽然往往均表全称义，但是二者的句法分布却不同。“什么+都+VP”可用于肯定句和否定句中，而“什么+也+VP”往往仅用于否定句中。常见偏误如：

(19)a. ＊后来我看什么也觉得有意思。

<后来我看什么都觉得有意思。>

b. ＊你什么事情也会做到。

<你什么事情都会做到。>

c. *谁也知道吸烟对自己的身体不好。

<谁都知道吸烟对自己的身体不好。>

例(19a)、例(19b)和例(19c)中的“也”应改为“都”。这种偏误表明汉语二语学习者尚不清楚这两种句式的差异。

4. 标点误代

“什么”表疑问义时，句末一般用问号；表非疑问义时，句末一般不标问号。句末标点可以从一定程度上推断汉语二语学习者对“什么”语义的判断。常见偏误如：

(20) a. *这样做不是什么坏处都没有?①

<这样做不是什么坏处都没有。>

b. *好像他从妈妈身上什么也没学过似的?

<好像他从妈妈身上什么也没学过似的。>

例(20a)和例(20b)中问号应为句号。针对类似的复杂环境中“什么”的语义解读，我们分别在不同培训体系中的高级班②进行了问卷测试。测试结果显示：对“你计划去什么地方打球吗”中表存在义的“什么地方”正确识别率为25%；对“我想什么菜都吃一遍”中表全称义的“什么菜”正确识别率为31.25%；对“你不会什么菜也不想吃吧”中表全称义的“什么菜”正确识别率为50%。这种偏误可能表明汉语二语学习者在对多重句法环境中“什么”的语义解读的判断上有误，从而导致对句子类型的误判。

5. 小结

中介语料中“什么”类体词性疑问词的副词遗漏、代词误代、副词误

① 例(20)两句来自外籍人员子女学校高年级学生写作教学作业中。

② 测试班级包括大学汉语进修高级班和外籍人员子女学校高年级中文课程教学班。

代、标点误代四类偏误类型可归为三类。

第一类是未掌握“什么”类体词性疑问词的语义解读需通过特定句法环境来实现，认为其三种语义解读是其自身具有的，与句法环境无关。如副词遗漏和代词误代类偏误，在使用“什么”的非疑问义时，将“什么”等同于“一切”“一些”，自由使用。

第二类是掌握了“什么”类体词性疑问词的语义解读需特定的句法环境来实现，但未掌握“什么+都/也+VP”在肯定句和否定句中的分布差异。如副词误代类偏误，在使用“什么”的全称义时，虽意识到了“什么”后需要相关副词出现，但却将“都”误用为“也”。

第三类是掌握了“什么”类体词性疑问词各语义解读的句法环境，但在对多重句法环境中“什么”的语义判断上存在困难。如例(20a)中的“什么”出现在双重非疑问句法环境中(“没有+什么”“什么+都”)，但却被标记为疑问义；例(20b)中的“什么”出现在双重非疑问环境中(“好像+什么”“什么+也”)，也被标记为疑问义。

(二)偏误的成因分析

要弄清这三类偏误的成因，可以从语际差异、语内差异、认知差异以及学界对相关语法的研究上来讨论。

1. 语际差异

在所考察的中介语语料中，副词遗漏和代词误代是出现频率最高的一种偏误类型，占56.2%。汉语二语学习者仅将“什么”看作多义词，这与汉语疑问词的特殊性有关。多数语言中疑问词仅表疑问义，无其他语义，如英语、蒙古语等。从正确使用“什么”的次数上看，在HSK中介语语料中，美国汉语二语学习者77例、英国38例、蒙古52例，其中存在义和全称义占34.73%。这类母语学习者往往会出现例(17a)、例(17b)、例(17c)、例(18a)、例(18b)、例(18c)的偏误。

也有少数语言中疑问词与汉语相似，有多种语义，具有代表性的是日语、越南语。日语中，疑问词后面加小品词“ka”标记存在义，“mo”标记全称义(Nishigauchi，1990)。越南语中“gì”对应于“什么”，在“cũng”(都)前时，表全称义；在“dường như/hình như”(好像)后，再与“đó/đấy”等远指代词匹配时，表存在义；在“không/chẳng(不/没)”之后时，也表存在义(何黎金英，2011；裴辉强，2017)。从使用“什么”的次数上看，越南汉语二语学习者147例，存在义和全称义占42.86%。这类母语学习者在习得“什么”类代词时偏误也少，也常用多重句法环境中的“什么”，语义判断也准确。如：

(21)a. 不是什么事儿都有一举两得的！(越南籍汉语二语学习者)

b. 但是越南人学汉语不是什么都很顺，也有苦与乐。(越南籍汉语二语学习者)

这类偏误往往是由于母语迁移导致的，属于干扰性偏误(周小兵，2004)。

2. 语内差异

汉语二语学习者在习得汉语语法时，常常将汉语某些规则进行不适当的类推，从而出现偏误。(周小兵、刘瑜，2010)汉语内部的同类句式差异往往被汉语二语学习者所忽略，“WH+都+VP”与“WH+也+VP”中肯定与否定的不对称就属于这类句式差异。在“WH+都+VP”句式中，肯定与否定平均分布，汉语二语学习者在习得这类句式后，将此类推至“WH+也+VP”句式，这也就导致了例(19a)、例(19b)和例(19c)中的偏误。这类偏误与母语关系不大，属于发展性偏误(周小兵，2004)。

3. 认知差异

“什么”类体词性疑问词的存在义可出现在真值不确定环境中，真值不确定环境要考虑的因素较多，如非事实类动词、疑问环境、复句环境等，这些因素均需要汉语二语学习者依据自己的认知判断来确定。这种认知困难导致汉语二语学习者易采用简化策略，忽略句法环境，直接使用，如例(18b)中直接出现“什么”表示“一些”。或者一些国家的汉语二语学习者会采用回避策略不使用“什么”的存在义，如蒙古语中“юу”对应于“什么”，无存在义，汉语二语学习者使用“什么”存在义的比例为7.55%，而越南语中相对应的“gì”有存在义，所处句法环境与“什么”相似，汉语二语学习者使用“什么”存在义的比例为26.53%。真值不确定环境辨识度低导致了习得困难。这类偏误属于认知性偏误(周小兵，2004)。

4. “什么”类体词性疑问词的代表性语法

在汉语语法研究中，经典语法书中罗列了现代汉语疑问词全称义所适用的句法环境，但未详细罗列存在义的句法环境。朱德熙(1982)提到疑问词表示周遍性时，肯定句里“都”比“也”占优势，否定句里“也”比“都”占优势，但未提及疑问词指称不知道或说不出来的人、事物、处所、时间等时的句法环境。吕叔湘(1999)总结了“都”“也”前的“什么”表示在所说的范围内无例外，是非问句、否定句、肯定句中“什么”指示不确定的事物或人。张斌(2010)通过例句给出了“什么”非疑问义的用法。

在汉语二语教学语法中，虽对疑问词非疑问义进行了穿插讲解，但对句法环境的描写也并不全面。以《发展汉语(第二版)》为例，在初级综合(徐桂梅，2012)中讲解了疑问词的任指和虚指：“疑问词+也/都”强调任何人或任何事物，“都”在肯定句和否定句中都可以用，“也”一般用在否定句中。疑问词也可用来指称不知道、说不出来或者不需要指明的人或事物。在中高级阶段并未将疑问词存在义的句法环境加以补充。这样的语法讲解显然无法让汉语二语学习者对“什么”类体词性疑问词的语义解读进行全面的了解，这可能也是导致前文提到的三类偏误的原因。

5. 小结

语际差异是不同母语背景的汉语二语学习者对“什么”类体词性疑问词的掌握程度和使用频率差异较大的主要原因。母语具有与汉语疑问词相似语义的汉语二语学习者，使用此类代词频率高，偏误少；母语与汉语疑问词语义迥异的汉语二语学习者，使用此类代词频率低，偏误多。语内差异仅涉及“什么”类体词性疑问词的全称义，这类偏误相对较少，但对汉语二语学习者来说，正确区分“都”“也”对此类代词的允准差异也至关重要。认知差异主要表现在“什么”类代词的存在义上，由于允准此类代词存在义的句法环境较多，且句法环境的标记性弱，汉语二语学习者若无法准确识别句法环境的类别，也就较难得出此类代词的准确语义。汉语语法教材和对外汉语教材对“什么”类代词的语义讲解不全面，也是汉语二语学习者不能全面掌握此类代词用法的原因之一。

从汉语语法研究和二语教学语法研究来看，尚存两个问题，即“什么”类体词性疑问词的语义是其本身所具有的，还是句法环境赋值的；多重句法环境中，“什么”类体词性疑问词的语义表现怎样。这两个问题与上文总结的第一类和第三类偏误类型有直接关系。接下来我们分别从形式语义和优选论的角度来考虑这两个问题，并提出相关教学对策。

三、“什么”类体词性疑问词的语义及其层级关系分析

（一）“什么”类体词性疑问词的语义分析

Huang(1982)、Cheng(1991)、Li(1992)和Lin(1998)在分析汉语疑问词时，把汉语疑问词看作自由变量，其表现何种语义解读取决于约束它的算子。疑问词受疑问算子约束时，表疑问义；疑问词出现在受约环境中时，表存在义；疑问词受全称类算子约束时，表全称义。如例(16a)中“什么”受隐性疑问算子约束，表疑问解读，相当于“what”；例(16b)中“什么”被否定词“没”成分统制(c-command)(Li，1992)，表存在解读，相当于“some”；例(16c)中“什么”被全称量化词“都”约束，表全称解读，相当于“any”。

这样的分析明确指出“什么”类体词性疑问词的本质——自由变量，其所表现的语义解读来自算子(句法环境)的赋值。在前人研究的基础上，我

们总结出：“什么”类体词性疑问词被隐性疑问算子约束时表疑问义，处于否定环境和真值不确定环境中时表存在义，被全称类算子约束时表全称义。具体句法环境如表 3-10 所示：

表 3-10 “什么”类体词性疑问词的疑问义、存在义、全称义所处的句法环境

语义	句法环境		例句
疑问义	疑问算子约束	隐性疑问算子	他借了什么书？
存在义	否定环境	否定词成分统制	他**没**借什么书。
		反问句	**难道**他买了什么书？
	真值不确定环境	是非问句	他借了什么书**吗**？
		正反问句	他**借没借**什么书？
		条件复句	他**如果**借了什么书，肯定会还的。
		非事实类动词辖域内	他昨天**好像**借了什么书。
全称义	全称类算子约束	“都”约束	他什么书**都**借过。
		“也”约束(否定句式)	他什么书**也**没借。

我们对上表句法环境再做进一步总结：

疑问算子约束：被隐性疑问算子约束的“什么”类体词性疑问词表疑问义。

否定环境：与否定词成分统制的主要动词相关的、反问句中的“什么”类体词性疑问词表存在义。

真值不确定环境：由“吗”约束的事件中的、由“V+Neg. +V”约束的 VP 中的、与条件复句中主要动词相关的、非事实类动词成分统制的“什么”类体词性疑问词表存在义。

全称类算子约束：“都”关联约束的、“也”之前的“什么”类体词性疑问词表全称义。

需要注意的是“都”的关联约束问题，“都”关联约束的疑问词一般指出现在非重读“都”左边的疑问词和处在距“都”最近的移位疑问词(牛长伟、程邦雄，2015）。如：

(22) a. 什么书他们都买了。

b. 什么书他们都买了？①

c. 他们什么书都/都买了。

例(22a)中“什么”处在非重读“都”前，被其约束，表全称义，“他们买了所有的书”。例(22b)中“什么”处于重读“都”前，“都”优先约束“他们”，“什么”表疑问义，“什么书是他们都买了的”。例(22c)中“什么”既是移位宾语，也距“都”最近，处于重读或非重读“都”前均会被其约束，表全称义，“他们买了所有的书”。

从形式语义的角度来分析“什么”类体词性疑问词的优势在于，将这类代词的语义与相关算子联系在一起，其语义是由算子赋值的，各类算子或显现或隐性地蕴涵在表3-10所列的句法环境中。

（二）“什么”类体词性疑问词的语义层级关系分析

“什么”类体词性疑问词的语义需要隐性疑问算子、否定环境、真值不确定环境、全称类算子来赋值，这是单一算子约束下的这类代词的语义解读。那么，多重算子约束下的这类代词的语义表现又如何呢？我们接下来运用优选论（Optimality Theory）来探讨这一问题。

优选论（Prince & Smolensky，1993）是生成音系学提出的理论，后运用到句法领域，尤其是汉语句法、语义、语用领域（胡建华、潘海华，2001；梁昊、潘海华，2002）。优选论的操作过程由四部分组成：输入（input）→生成器（generator）→评估器（evaluation）→输出（output）。输入项被输入后，在生成器中生成逻辑上具有无穷候选项的集合，这些候选项经过包含有等级性排列的制约条件的评估器评估，将最低限度违反制约条件等级体系的

① 加着重号表示被重读，下同。

候选项输出，使之成为优选项(马秋武，2008)。

对于“什么”类体词性疑问词来说，其被输入生成器后，生成了疑问义、存在义、全称义。这三种语义解读需要经过评估器来确定优选项。根据表 3-10 中的句法环境特征，我们可以给出评估器中的制约条件，即：

必然疑问制约条件：“什么”类体词性疑问词必须表疑问义。

[忠实性制约条件①]

否定环境制约条件：否定环境中的“什么”类体词性疑问词必须表存在义。

[标记性制约条件②]

真值不确定环境制约条件：真值不确定环境中的“什么”类体词性疑问词必须表存在义。

[标记性制约条件]

全称类算子制约条件：被全称类算子约束的“什么”类体词性疑问词必须表全称义。

[标记性制约条件]

上述四个制约条件的等级为：全称类算子制约条件≫否定环境制约条件/真值不确定环境制约条件≫必然疑问制约条件③。

我们用较为典型的多重算子约束的句子来验证上述制约条件及其等级，即：

(23)昨天你没有什么东西都买吗?

例(23)中，“什么”被否定词“没有”成分统制，被“都”关联约束，也处于是非问句中，涉及否定环境、全称类算子约束和真值不确定环境。

① 忠实性制约条件阻止变化使语言形式具有更多的区别性。(马秋武，2008)
② 标记性制约条件触发变化以使语言形式易于表达。(马秋武，2008)
③ 详细推导过程见牛长伟(2017)。

表 3-11　　　　**“昨天你没有什么东西都买吗？”的优选分析**

制约条件 / 候选项	全称类算子制约条件	否定环境制约条件	真值不确定环境制约条件	必然疑问制约条件
昨天你没有[什么]疑问义东西都买吗？	*!	*	*	
昨天你没有[什么]存在义东西都买吗？	*!			*
☞昨天你没有[什么]全称义东西都买吗？		*	*	*

当“什么”表疑问义时，违反等级最高的全称类算子制约条件，也违反了否定环境制约条件、真值不确定环境制约条件；当“什么”表存在义时，违反等级最高的全称类算子制约条件和等级最低的必然疑问制约条件；当“什么”表全称义时，违反否定环境制约条件、真值不确定环境制约条件和必然疑问制约条件。制约条件具有严格的统制要求，违反等级排列高的制约条件不可以通过满足等级排列低的制约条件来弥补。表疑问义和存在义的“什么”均违反了等级最高的制约条件，被淘汰。表全称义的“什么”被作为优选项输出。

运用优选论将影响“什么”类体词性疑问词语义解读的句法环境的层级关系确立，也就确立了这类代词的语义层级关系，这将有助于识别多重句法环境中该类代词的语义解读。也就是说，在一个多重句法环境中的“什么”类体词性疑问词，若被全称类算子约束，则一定表全称义；若无全称类算子，则看其是否处于否定环境或真值不确定环境，若是，则表存在义；若不是，则表疑问义。

“什么”类体词性疑问词的语义及其层级关系涉及否定词成分统制、反问句、是非问句、正反问句、条件复句、非事实类动词、“都/也”的约束等专业语法词汇，显然还不适用于汉语二语教学。

四、“什么”类体词性疑问词的教学对策

在对外汉语教材中，除了《发展汉语》外，我们还查阅了《博雅汉语》《汉语教程》中关于疑问词非疑问义的语法点。《博雅汉语准中级加速Ⅱ》(李晓琪，2005)、《汉语教程第二册(下)》(杨寄洲，2006)和《发展汉语初级综合Ⅱ》讲到疑问词的任指用法时，均提到了疑问词与副词“都”“也”呼应，仅《发展汉语》注明了“也”一般只用于否定句。三种教材在讲到疑问词的虚指用法时，均未提与之相对应的句法环境。

“什么”类体词性疑问词的语法复杂，不可能对处于某一习得阶段的汉语二语学习者一次性讲解完成，需要分阶段进行。对初级阶段的汉语二语学习者，应让学习者认识到“什么”类体词性疑问词与其母语中相关词条的异同。对中级阶段的汉语二语学习者，应逐一讲解“什么”类体词性疑问词三类语义解读所处的句法环境。对高级阶段的汉语二语学习者，应使他们逐步了解多重句法环境下“什么”类体词性疑问词的语义表现。

(一)初级阶段

在第二语言教学中，要充分考虑汉语二语学习者的母语，与母语不一致的语法点需要重点讲解，尤其是处于初级阶段的汉语二语学习者。在“什么”类体词性疑问词的习得方面，由于越南语中的“gì”与汉语中“什么”相似，而英语中的“what”与“什么”差异很大，所以以越南语为母语的汉语二语学习者比以英语为母语的汉语二语学习者表现要好。针对以英语为母语的汉语二语学习者，应让其明白“what”与“什么”的区别，并强调“什么”所具有存在义和全称义并非简单地对应于“some”和“any”，还要考虑相关的句法环境，不然就会出现第一类偏误。

(二)中级阶段

随着汉语知识的积累，需要逐步地对“什么”类体词性疑问词三种语义解读所处的句法环境进行讲解。在前文“(一)‘什么’类体词性疑问词的语

义分析”中已经总结了“什么”所处的句法环境的种类，但由于语言学专业词汇所限，并不适用于二语课堂教学。应将各类句法环境进行形式化描写，即输入框式意识(杨圳、施春宏，2013)，分层级、分阶段地进行教学，以符合学习者的认知规律。

当“什么”类体词性疑问词表全称义时，往往被“都”“也”约束，且“也”一般出现在否定句中，形式化描写为“什么+都+VP”“什么+也+不/没+VP”。

当“什么”类体词性疑问词表存在义时，一般可出现在否定句法环境中，形式化描写为“不/没+什么”“难道+什么”；也可出现在真值不确定句法环境中，形式化描写为“什么+吗”“V+不/没+V+什么”“‘如果’类连词+什么”“非事实类动词(“好像、仿佛、觉得”)+什么”等。

当然，上述形式化描写只是将立体化的语法知识进行了线性描写，仅是多数情况下“什么”类体词性疑问词的语义，仍然会有例外。这一阶段的教学可以帮助汉语二语学习者减少第一类和第二类偏误。

(三)高级阶段

当汉语二语学习者熟悉了“什么”类体词性疑问词各语义解读所处的句法环境后，可适当对句法环境的等级排列进行讲解。多重句法环境影响下的“什么”的优势语义解读要依靠以下等级排列来判断，即“全称类算子制约条件≫否定环境制约条件/真值不确定环境制约条件≫必然疑问制约条件”。上述制约条件的等级可以进行简化。若句中同时出现了“什么”类体词性疑问词表全称义和表存在义的句法环境，则表全称义。也就是说，全称义的句法环境高于存在义的句法环境，存在义的句法环境高于疑问义。

针对高级阶段的汉语二语学习者，多重句法环境中的“什么”类体词性疑问词的语义表现也会较难理解，但掌握后，可以减少第三类偏误的产生。

五、结语

我们在中介语语料的基础上，分析了汉语二语学习者在“什么”类体词性疑问词的习得过程中常见的偏误类型及其成因。然后从形式语义和优选论的角度对“什么”类体词性疑问词的语义及其层级关系进行了分析，根据这些分析针对二语学习者的偏误类型提出了相应的教学对策。当然，“什么”类体词性疑问词还有一些中介语语语料中不常见的句法—语用层面的解读，我们在此节暂未考虑，与此相关的汉语二语习得研究可见本章第一节“什么”的教学策略。

第四节　本 章 结 语

现代汉语疑问词的多义复杂性值得研究，尤其是其应用于汉语二语教学中的教学策略研究，这将为二语课堂教学和教材编写提供指导和建议。我们在本章选取了最常用的汉语疑问词“什么”和义项最多的汉语疑问词“怎么”作为研究对象，初步给出了具有可行性的教学策略。除了教学实践的实证研究之外，中介语语料库中关于“什么”类体词性疑问词的语料也为我们的研究提供了直接的材料证据，说明该类疑问词面向汉语二语教学的必要性和急迫性。

参考文献

巴丹．“都”与“也”在相关构式中的微殊与中和[J]．汉语学报，2013(3)．

蔡维天．重温“为什么问怎么样，怎么样问为什么”——谈汉语疑问句和反身句中的内、外状语[J]．中国语文，2007(3)．

代丽丽．表否定的构式“什么+X”分析[J]．语言研究，2016(1)．

董秀芳．“都”的指向目标及相关问题[J]．中国语文，2002(6)．

董秀芳．“都”与其他成分的语序及相关问题[J]．世界汉语教学，2003(1)．

冯予力，潘海华．再论“都”的语义——从穷尽性和排他性谈起[J]．中国语文，2018(2)．

冯志伟．机器翻译研究[M]．北京：中国对外翻译出版公司，2004.

干红梅．语调辨析在中级汉语听力理解中的重要性[J]．汉语学习，2005(3)．

何黎金英．汉越疑问代词对比[C]//周小兵．中山大学国际汉语教育三十年硕士学位论文选——全球视野下的国际汉语教育．广州：中山大学出版社，2011.

胡建华，潘海华．OT 方案与照应语的约束[J]．外国语，2001(1)．

黄珊．“多少”及其对外汉语教学研究[D]．长沙：湖南师范大学，2015.

姜炜，石毓智．“什么”的否定功用[J]．语言科学，2008(3)．

蒋静忠，潘海华．“都”的语义分合及解释规则[J]．中国语文，2013(1)．

蒋严，潘海华．形式语义学引论(修订版)[M]．北京：中国社会科学出版社，2005.

蒋严．语用推理与“都”的句法/语义特征[J]．现代外语，1998(1)．
康忠德．居都仡佬语参考语法[D]．北京：中央民族大学，2009.
来永梅．以蒙语为母语者习得汉语疑问句的研究[D]．济南：山东大学，2008.
李春风．邦朵拉祜语参考语法[D]．北京：中央民族大学，2012.
李涓子，黄昌宁，杨尔弘．一种自组织的汉语词义排歧方法[J]．中文信息学报，1999(3)．
李文浩．“都”的指向识别及相关“都”字句的表达策略[J]．汉语学报，2013(1)．
李晓琪．博雅汉语准中级加速Ⅱ[M]．北京：北京大学出版社，2005.
李志，张晶，赵铁军，等．词义消歧研究的现状与发展方向[J]．计算机科学，2001(9)．
鲁健骥．外国人学汉语的语法偏误分析[J]．语言教学与研究，1994(1)．
吕叔湘．现代汉语八百词(增订本)[M]．北京：商务印书馆，1980/1999.
马秋武．优选论[M]．上海：上海教育出版社，2008.
马真．说“也”[J]．中国语文，1982(4)．
马真．关于“都/全”所总括的对象的位置[J]．汉语学习，1983(1)．
马真．包含副词“也”的并列复句句式及其他[J]．世界汉语教学，2014(1)．
马志刚．汉语“什么”类代词疑问义、存在义和全称义的中介语句法实现研究[J]．语言教学与研究，2017(4)．
苗海，张仰森．规则与统计相结合的词义消歧方法研究[J]．计算机科学，2013(12)．
牛长伟，程邦雄．疑问词与“都”的相对位置分析——“都”的关联次序及约束规则[J]．语言研究，2015(4)．
牛长伟，程邦雄．基于规则的汉语疑问词“什么”的语义识别模型构建[J]．中文信息学报，2017(5)．
牛长伟，程邦雄．多项疑问句中“都”的关联制约[J]．语言教学与研究，

2020(1).
牛长伟．汉语疑问词的语义解读及其应用[D]．武汉：华中科技大学，2015.
牛长伟．现代汉语疑问词的语义解读及其应用[M]．武汉：武汉大学出版社，2017.
潘海华，梁昊．优选论与汉语主语的确认[J]．中国语文，2002(1).
潘海华．焦点、三分结构与汉语“都”的语义解释[C]//中国语文杂志社．语法研究和探索(十三)．北京：商务印书馆，2006.
裴辉强．越汉语疑问代词非疑问用法对比研究[J]．华文教学与研究，2017(4).
彭可君．说“怎么”[J]．语言教学与研究，1993(1).
任海波．“都”的语义功能与“都”字歧义句[J]．浙江大学学报(社会科学版)，1995(2).
阮氏秋恒．现代汉语疑问代词“什么”与越南语“gì”比较研究[D]．南宁：广西民族大学，2013.
邵敬敏．现代汉语疑问句研究[M]．上海：华东师范大学出版社，1996.
沈家煊．走出“都”的量化迷途——向右不向左[J]．中国语文，2015(1).
石兴慧．浅论“稍微”和“多少”[J]．现代语文，2005(9).
史静儿，赵杨．泰语母语者汉语疑问代词虚指用法习得研究[J]．世界汉语教学，2014(2).
寿永明．疑问代词的否定用法[J]．上海师范大学学报(哲学科学版)，2002(2).
苏培成．有关副词“都”的两个问题[C]//北京大学中文系《语言学论丛》编委会．语言学论丛(第十三辑)．北京：商务印书馆，1984：57-61.
王保锋．萝卜寨羌语语法研究[D]．北京：中央民族大学，2017.
王国旭．新平彝语腊鲁话研究[D]．北京：中央民族大学，2011.
韦茂繁．下坳壮语参考语法[D]．上海：上海师范大学，2012.
韦学纯．水语描写研究[D]．上海：上海师范大学，2011.

温宾利，乔政蔚．“都”量化的多标志语分析[J]．外语学刊，2002(4)．
吴福祥．语义图与语法化[J]．世界汉语教学，2014(1)．
伍雅清．多项 WH-问句中 WH-词的功能解释[J]．现代外语，2002a(1)．
伍雅清．汉语特殊疑问词的非疑问用法研究[J]．语言教学与研究，2002b(2)．
夏雪，詹卫东．“X 什么”类否定义构式探析[J]．中文信息学报，2015(5)．
肖治野．“怎么 1”与“怎么 2”的句法语义差异[J]．汉语学习，2009(2)．
邢福义．汉语语法学[M]．北京：商务印书馆，2016．
熊仲儒．“都”的右向语义关联[J]．现代外语，2008(1)．
徐桂梅．发展汉语初级综合Ⅱ(第二版)[M]．北京：北京语言大学出版社，2012．
徐杰．“都”类副词的总括对象及其隐现、位序[J]．汉语学习，1985(1)．
薛小英，韩景泉．“都”的语义关联及其句法实现[J]．现代外语，2009(2)．
杨寄洲．汉语教程第二册(下)[M]．北京：北京语言大学出版社，2006．
杨圳，施春宏．汉语准价动词的二语习得表现及其内在机制[J]．世界汉语教学，2013(4)．
银莎格．银村仫佬语参考语法[D]．北京：中央民族大学，2012．
余金枝．矮寨苗语参考语法[D]．北京：中央民族大学，2010．
袁毓林，刘彬．“什么”句否定意义的形成与识解机制[J]．世界汉语教学，2016(3)．
袁毓林．“都、也”在“Wh +都/也+ VP”中的语义贡献[J]．语言科学，2004(5)．
袁毓林．“都”的语义功能和关联方向新解[J]．中国语文，2005(2)．
袁毓林．论“都”的隐性否定和极项允准功能[J]．中国语文，2007(4)．
詹卫东．范围副词“都”的语义指向分析[J]．汉语学报，2004(1)．
张斌．现代汉语描写语法[M]．北京：商务印书馆，2010．
张伯江，方梅．汉语功能语法研究[M]．南昌：江西教育出版社，1996．

张蕾，李宝伦，潘海华．“都”的语义要求和特征——从它的右向关联谈起[J]．语言研究，2012(2)．

赵金铭．汉语作为第二语言教学语法：格局+碎片化[J]．语言教学与研究，2018(2)．

赵燕珍．赵庄白语参考语法[D]．北京：中央民族大学，2009.

周韧．“都”的多重关联问题分析[J]．常熟理工学院学报(哲学社会科学)，2019(6)．

周韧．向右无量化：“都”的性质再认识[J]．中国语文，2021(3)．

周小兵，刘瑜．汉语语法点学习发展难度[J]．华文教学与研究，2010(1)．

周小兵．学习难度的测定和考察[J]．世界汉语教学，2004(1)．

朱德熙．语法讲义[M]．北京：商务印书馆，1982.

朱艳华．载瓦语参考语法[D]．北京：中央民族大学，2011.

Cheng, Lisa L. -S. On the Typology of Wh-Questions[D]. MIT, Massachusetts, 1991.

Cheng, Lisa Lai Shen. On *Dou*-quantification [J]. *Journal of East Asian Linguistics*, 1995, 4(3): 197-234.

Chierchia, G. Questions with Quantifiers [J]. *Natural Language Semantics*, 1993, 1(2): 181-234.

Comorovski, Ileana. *Interrogative Phrases and the Syntax-semantics Interface. Studies in Linguistics and Philosophy* [M]. Boston: Kluwer Academic Publishers, 1996.

Engdal, Elisabet. *Constituent Questions*[M]. Kluwer, Boston: Kluwer Academic Publishers, 1986.

Fauconnier, Gilles. Pragmatic Scales and Logical Structure [J]. *Linguistic Inquiry*, 1975a, 6(3): 353-375.

Fauconnier, Gilles. Polarity and the Scale Principle [J]. *Proceeding of the Chicago Linguistics Society*, 1975b(11): 188-199.

Huang, James C. -T. Logical Relations in Chinese and the Theory of Grammar

[D]. MIT, Massachusetts, 1982.

Karttunen, Lauri. Syntax and Semantics of Questions [J]. *Linguistics and Philosophy*, 1977, 1(1): 3-44.

Koopman, Hilda & Dominique Sportiche. Variables and the Bijection Principle [J]. *The Linguistic Review*, 1982, 2(2): 139-160.

Langacker, Ronald W. *Foundations of Cognitive Grammar (Vol. I): Theoretical Prerequisites*[M]. Stanford: Stanford University Press, 1987.

Lee, Thomas Hun-Tak. Studies on Quantification in Chinese[D]. University of California, Los Angeles, 1986.

Li, Yen-hui Audrey. Indefinite Wh in Mandarin Chinese[J]. *Journal of East Asian Linguistics*, 1992, 1(2): 125-155.

Lin, Jo-wang. Polarity Licensing and WH-phrase Quantification in Chinese[D]. University of Massachusetts, Amherst, 1996.

Lin, Jo-wang. On Existential Polarity WH-Phrases in Chinese[J]. *Journal of East Asian Linguistics*, 1998, 7(3): 219-255.

Matthews, Stephen & Virginia Yip. *Cantonese: A Comprehensive Grammar*[M]. London: Routledge, 1994.

Nishigauchi, Taisuke. Construing WH[J]. *Studies in Linguistics and Philosophy*, 1990(40).

Pan, Haihua. Why the Blocking Effect? [C]//Peter Cole (eds.). *Syntax and Semantics Vol. 33 Long Distance Reflexives*. London: Academic Press, 2001: 279-316.

Prince, A. & P. Smolensky. *Optimality Theory: Constraint Interaction in Generative Grammar*[M]. Oxford: Blackwell Publishing, 1993/2004.

Sorace, A. & F. Filiaci. Anaphora Resolution in Near-native Speakers of Italian [J]. *Second Language Research*, 2006, 22(3): 339-368.

Tsimpli, I. M. & A. Sorace. Differentiating Interface: L2 Performance in Syntax-semantics and Syntax-discourse Phenomena[C]. In D. Bamman, T.

Magnitskaia & C. Zaller (eds.). *Proceedings of the 30 th Annual Boston University Conference on Language Development*. Somerville, MA: Cascadilla Press, 2006.

Ungerer, F & H. J. Schmid. *An Introduction to Cognitive Linguistics* [M]. Beijing: Foreign Language Teaching and Research Press, 2001.

Wachowicz, Krystyna. Multiple Questions [J]. *Linguistica Silesiana*, 1974, 1 (1): 145-151.

White, L. Second Language Acquisition at the Interfaces [J]. *Lingua*, 2011, 121(4): 577-590.

Yuan, Boping. Domain-wide or Variable-dependent Vulnerability of the Semantics-syntax Interface in L2 Acquisition? Evidence from Wh-words Used as Existential Polarity Words in L2 Chinese Grammars [J]. *Second Language Research*, 2010(2): 219-260.